O IMPERADOR DO SORVETE E OUTROS POEMAS

WALLACE STEVENS

O imperador do sorvete e outros poemas

Seleção, tradução, apresentação e notas
Paulo Henriques Britto

Edição revista e ampliada

Copyright ©1923, 1931, 1935, 1936, 1937, 1942, 1943, 1944, 1945, 1946, 1947, 1948, 1949, 1950, 1951, 1952, 1954, 1955 by Wallace Stevens
Copyright renovado © 1984 by Holly Stevens
Publicado mediante acordo com a Alfred A. Knopf, selo de Knopf Doubleday Group, uma divisão da Penguin Random House, LLC

Esta antologia foi feita a partir de: *Stevens: Collected Poetry and Prose*.

Grafia atualizada segundo o Acordo Ortográfico da Língua Portuguesa de 1990, que entrou em vigor no Brasil em 2009.

Capa
Victor Burton

Foto de capa
Bettmann/ Getty Images

Preparação
Silvia Massimini Felix

Revisão
Silvana Salerno
Angela das Neves

Dados Internacionais de Catalogação na Publicação (CIP)
(Câmara Brasileira do Livro, SP, Brasil)

Stevens, Wallace, 1879-1955
  O imperador do sorvete e outros poemas / Wallace Stevens ; seleção, tradução, apresentação e notas Paulo Henriques Britto. — 1ª ed. rev. e ampl. — São Paulo : Companhia das Letras, 2017.

  Título original : *Stevens: Collected Poetry and Prose*.
  ISBN 978-85-359-3008-5

  1. Poesia norte-americana I. Título.

17-08012   CDD-811.3

  Índice para catálogo sistemático:
  1. Poesia : Literatura norte-americana 811.3

[2017]
Todos os direitos desta edição reservados à
EDITORA SCHWARCZ S.A.
Rua Bandeira Paulista, 702, cj. 32
04532-002 — São Paulo — SP
Telefone: (11) 3707-3500
www.companhiadasletras.com.br
www.blogdacompanhia.com.br
facebook.com/companhiadasletras
instagram.com/companhiadasletras
twitter.com/cialetras

Sumário

Apresentação 9

DE *HARMONIUM*, 1923, 1931

Predomínio do negro
   Domination of Black 26
O homem de neve
   The Snow Man 30
Os vermes aos portões do paraíso
   The Worms at Heaven's Gate 32
O céu concebido como um túmulo
   Of Heaven Considered as a Tomb 34
Depressão antes da primavera
   Depression before Spring 36
O imperador do sorvete
   The Emperor of Ice-Cream 38
Desilusão das dez horas
   Disillusionment of Ten O'clock 40
Manhã de domingo
   Sunday Morning 42
Caso do jarro
   Anecdote of the Jar 52
Palácio dos bebês
   Palace of the Babies 54
Tatuagem
   Tattoo 56

Parvoália
Gubbinal 58
Peter Quince ao cravo
Peter Quince at the Clavier 60
Treze maneiras de olhar para um melro
Thirteen Ways of Looking at a Blackbird 68
Marinha, com nuvens
Sea Surface Full of Clouds 76

DE *IDEAS OF ORDER*, 1935

A ideia de ordem em Key West
The Idea of Order at Key West 88

DE *THE MAN WITH THE BLUE GUITAR*, 1937

O homem do violão azul
The Man with the Blue Guitar 96

DE *PARTS OF A WORLD*, 1942

Os poemas de nosso clima
The Poems of Our Climate 142
Estudo de duas peras
Study of Two Pears 146
Cuisine bourgeoise
Cuisine bourgeoise 150
Da poesia moderna
Of Modern Poetry 152

DE *TRANSPORT TO SUMMER*, 1947

Homem carregando coisa
Man Carrying Thing 156
A casa estava quieta e o mundo calmo
The House Was Quiet and the World Was Calm 158

O homem bom não tem forma
The Good Man Has No Shape 160
Apontamentos para uma ficção suprema
Notes Toward a Supreme Fiction 162

DE THE AURORAS OF AUTUMN, 1950

As auroras boreais do outono
The Auroras of Autumn 228
Homenzarrão vermelho lendo
Large Red Man Reading 252
Anjo cercado por *paysans*
Angel Surrounded by Paysans 254

DE THE ROCK, 1954

Para um velho filósofo em Roma
To an Old Philosopher in Rome 260
O planeta na mesa
The Planet on the Table 268

ÚLTIMOS POEMAS, 1957

Ao sair da sala
As You Leave the Room 272
O percurso de um pormenor
The Course of a Particular 274
Meramente ser
Of Mere Being 276

POEMAS NÃO REUNIDOS EM LIVRO PELO AUTOR

Canção
Song 280
Sala cinzenta
Gray Room 282

De *Lettres d'un soldat* (1914-1918)
    From Lettres d'un soldat (*1914-1918*) 284

Notas 287
Índice dos poemas 319

Apresentação

Dos grandes poetas norte-americanos do período modernista, Wallace Stevens ainda hoje é um dos menos divulgados fora dos Estados Unidos. Por vários motivos, teve menos impacto sobre os meios literários anglófonos, em seu tempo, do que alguns de seus pares, como T.S. Eliot e Ezra Pound. Ao contrário deles, Stevens concentrava-se na escrita de poesia; não atuava como crítico e teve uma produção ensaística pequena e de pouca importância. Nunca esteve na Europa, e fez muito pouco no sentido de se tornar conhecido por lá; quando publicou sua primeira antologia na Inglaterra, já tinha 73 anos de idade. Por fim, Stevens, tal como o pediatra William Carlos Williams, dedicou-se a uma carreira profissional desvinculada por completo da literatura — a área de seguros —, mantendo a esfera do trabalho e a da poesia estritamente separadas ao longo de toda a sua vida. Afastado das rodas literárias — no que se distingue de Williams — e protegendo sua privacidade de modo quase obsessivo, terminou conseguindo o que aparentemente queria: o mínimo de fama a que se pode aspirar quando se é reconhecido por todos como um grande artista.

Wallace Stevens nasceu em 2 de outubro de 1879, em Reading, Pensilvânia. Sua família era próspera e convencional. Quando, aos 21 anos de idade, trabalhando como jornalista em Nova York, Stevens disse ao pai que estava pensando em largar o jornal para dedicar-se exclusivamente à literatura — já havia publicado poemas e artigos nas revistas de Harvard, universidade em que estudara —, Garrett Stevens não aprovou a ideia e convenceu o filho a formar-se em direito. Nunca mais Wallace Stevens voltaria a cogitar viver de sua pena. Depois da formatura, trabalhou como advogado por alguns anos, mas logo em seguida começou a atuar no ramo de seguros. Se em relação à vida profissional seguiu a orientação do pai, no âmbito pessoal rebelou-se ao desposar Elsie Moll em 1909: seus pais foram contra o casamento, julgando que a família de Elsie era socialmente inferior aos Stevens, e sequer compareceram à cerimônia nupcial. Stevens nunca mais voltou a falar com o pai, que veio a falecer menos de dois anos depois. Em 1916, entrou para a Hartford Accident and Indemnity Company, de onde jamais saiu; morou o resto de sua vida em Hartford, Connecticut, e morreu vice-presidente da empresa. O casamento não foi exatamente um sucesso. Elsie não se interessava pela poesia de Stevens nem por seu trabalho na Hartford; não gostava de viajar nem de receber visitas ligadas ao trabalho do marido. Apesar de os dois levarem vidas cada vez mais afastadas uma da outra, permaneceram juntos até o fim. Em 1924, nasceu a única filha do casal, Holly. Vinte anos depois, com ela Stevens viveu um conflito familiar semelhante ao que ocorrera em sua juventude: em 1944, Holly resolveu casar-se com um homem que o pai considerava socialmente inferior, e Stevens rompeu com ela. Mas o casamento de Holly durou apenas uns poucos anos, e logo pai e filha fizeram as pazes. Nos últimos anos de vida, Stevens conquistou os principais prêmios e honrarias da esfera literária. Meses antes de morrer, foi convidado a lecionar sobre poesia em Harvard, mas não aceitou o convite, "em parte por temer que um pedido de licença junto à companhia de seguros levaria à sua aposentadoria".[1] Continuou a trabalhar na Hartford e a escrever poemas até começar a enfrentar os problemas de saúde que causariam sua morte. Morreu em 2 de agosto de 1955.

Seria difícil imaginar uma vida mais desinteressante, mais desprovida dos acontecimentos que tornam fascinante a biografia de um artista. O Wallace Stevens que ficou na lembrança dos colegas de trabalho tem pouca semelhança com a imagem que normalmente se faz de um poeta. Entrevistados por Peter Brazeau para uma "biografia oral" de Stevens em 1975, eles retratam um homem conservador, sisudo, ora de uma polidez irrepreensível, ora francamente antipático, reservado a ponto de ser considerado um esquisitão. Morava com a esposa e a filha numa casa espaçosa, cheia de quadros que lhe eram enviados daquela Paris onde ele jamais pôs os pés — suas viagens ao estrangeiro limitaram-se a uma visita ao Canadá na juventude e uma viagem de navio com Elsie a Havana, depois ao México via canal do Panamá, terminando na Califórnia. Por conta da aversão de sua esposa a receber visitas, sua vida social resumia-se a almoços e viagens de negócios com colegas; os contatos com outros escritores sempre foram parcos. Um de seus raros amigos poetas, William Carlos Williams, vivia convidando-o a hospedar-se em seu apartamento quando estivesse em Nova York; no entanto, quando Williams passou por Hartford certa vez e foi visitá-lo, Stevens reservou-lhe um quarto num hotel próximo e pagou

---

1 Peter Brazeau, *Parts of a World: Wallace Stevens Remembered. An Oral Biography.* San Francisco: North Point Press, 1985, p. 156.

a conta.² Com os amigos do trabalho ia com certa frequência à Flórida, cenário de vários poemas seus. Numa dessas viagens, teve um encontro desastroso com Ernest Hemingway, que terminou numa troca de socos; tanto o poeta quanto o romancista estavam bêbados, e Hemingway, muito mais jovem que Stevens, levou vantagem: o poeta terminou com a mão quebrada.³ Tirando essas incursões à Flórida, dedicava-se integralmente à rotina do trabalho, lendo e escrevendo nas horas de lazer. Na firma, de vez em quando pedia a um empregado subalterno que fosse até a biblioteca procurar no *Oxford Dictionary* uma ou outra palavra, e dava regularmente à sua secretária rascunhos de poemas para passar a limpo; fora isso, porém, os dois mundos de Stevens — o dos seguros e o da poesia — permaneciam estanques.

Stevens publicava com certa regularidade, em revistas de circulação restrita, poemas que logo começaram a atrair a atenção de alguns críticos, bem como de outros poetas. Já em 1919, Hart Crane observou a respeito dele: "Há um homem cuja obra faz os outros tremer. Suas sutilezas técnicas por si sós são do maior interesse".⁴ Mas foi apenas em 1923, pouco antes de completar 44 anos de idade, que publicou seu primeiro livro de poesia, *Harmonium*.⁵ A primeira edição vendeu apenas cem exemplares; no entanto, não passou despercebida: diversos críticos fizeram comentários elogiosos, que na maioria das vezes exprimiam, juntamente com

---

2 Ibid., pp. 113-4.
3 Op. cit., pp. 97-9.
4 Eleanor Cook, *A Reader's Guide to Wallace Stevens*. Princeton e Oxford: Princeton University Press, 2007, p. 5.
5 Em 1931, saiu uma segunda edição do livro, com catorze poemas adicionais.

admiração, uma certa perplexidade. Llewelyn Powys qualifica a poesia de Stevens de "excêntrica"; Gorham B. Munson fala no "dandismo" de sua sensibilidade.[6] Talvez a resenha mais perceptiva de *Harmonium* seja a de Marianne Moore. Tendo destacado a prodigiosa imaginação de Stevens, Moore chama a atenção para seu virtuosismo formal, numa época em que ainda era necessário defender uma poesia que não utilizasse os recursos de versificação tradicionais. Enquanto seus contemporâneos Eliot e Pound valiam-se de formas de verso livre radicalmente diversas das convencionais — em retrospecto, Pound chegaria a afirmar que "romper com o pentâmetro" fora "o primeiro esforço"[7] —, Stevens, ao longo de toda a carreira, utilizava sobretudo o *blank verse* (o pentâmetro jâmbico não rimado, forma que remonta ao século XVI) ou então variedades de verso livre que tendem a permanecer próximas de um ou outro padrão métrico regular. Como Moore observa, o domínio do poeta sobre seus recursos é absoluto: assonância, reiteração, paralelismo, metáforas, tudo aponta para um "equilíbrio magistral".[8]

Harmonium é um livro ao mesmo tempo exuberante e hermético, sensual e cerebral. A obscuridade de Stevens decorre de sua proposta de utilizar as palavras da maneira mais exaustiva possível, explorando-lhes todas as ressonâncias e

---

6 Llewelyn Powys, "The Thirteenth Way", e Gorham B. Munson, "The Dandyism of Wallace Stevens". In: Ashley Brown; Robert S. Haller (Orgs.). *The Achievement of Wallace Stevens*. Nova York: Gordian Press, 1973. Os artigos foram publicados originariamente em 1924 e 1925, respectivamente.
7 Verso 54 do Canto LXXXI dos *Pisan cantos*, publicados em 1948. Ezra Pound, *The Cantos*. 6. reimp. Nova York: New Directions, 1977, p. 518.
8 Marianne Moore, "Well Moused, Lion". In: Haller Brown, op. cit., p. 23. Resenha publicada originariamente em 1924.

nuanças de significado. Porém, a vivacidade das imagens e a musicalidade extrema dos versos contrabalançam a opacidade do texto, de modo que os melhores poemas do livro, por mais impenetráveis que pareçam à primeira leitura, exercem sobre o leitor um efeito poderoso, fazendo-o sentir que, de algum modo não muito claramente exprimível, ele entendeu o que leu. Quem melhor resumiu esse efeito foi o próprio Stevens, no poema "Man Carrying Thing" ("Homem carregando coisa"), que começa com a seguinte afirmação: "O poema tem que resistir à inteligência/ Até quase conseguir". Em "Domination of Black" ("Predomínio do negro"), por exemplo, as repetições, as assonâncias, o ritmo obsessivo e as redes de conotações sutilmente desenhadas criam um clima hipnótico, quase alucinatório, que deixa o leitor sempre no limiar de apreender o que seria o sentido geral do poema. "Sea Surface Full of Clouds" ("Marinha, com nuvens"), uma sequência de variações em torno de um tema — forma essencialmente musical, que Stevens virá a empregar outras vezes no futuro —, recorre à técnica impressionista de representar uma mesma cena com ênfase nas mudanças ocorridas na luminosidade: Eleanor Cook lembra as diversas versões da catedral de Rouen pintadas por Monet.[9] Há momentos em que Stevens, o menos boêmio dos grandes modernistas, se permite zombar do conformismo pequeno-burguês: em "Disillusionment of Ten O'clock" ("Desilusão das dez horas"), como observa Randall Jarrell, às dez da noite, enquanto o marinheiro bêbado pega tigres, "todos já se deitaram cedo, como boas máquinas sensatas; e os fantasmas das casas, agora, são apenas camisolas, as camisolas brancas e lisas do Homem Comum, Homem Eco-

---

9 Cook, op. cit., p. 80.

nômico, Homem Racional".[10] Poemas como esses, em que abundam invenção verbal, imagens surpreendentes, efeitos visuais e sonoros, vieram a se tornar a marca registrada mais conhecida do poeta; são esses, até hoje, os poemas mais conhecidos e antologizados de Stevens.

Mas há outra vertente da linguagem stevensiana, minoritária em *Harmonium*: uma modalidade discursiva, com um tom por vezes quase didático. Vemos um exemplo simples dessa linguagem rigorosa e precisa num poema como "Anecdote of the Jar" ("Caso do jarro"), o qual propõe que a consciência cria o real, ao ordená-lo. É quando Stevens consegue combinar magia verbal com racionalidade implacável que ele atinge alguns de seus pontos mais altos, proporcionando ao leitor a sensação de estar ao mesmo tempo vislumbrando uma verdade fundamental e roçando os limites do inapreensível. Em *Harmonium*, o melhor exemplo talvez seja "Sunday Morning" ("Manhã de domingo"), um texto em que rigor e musicalidade encontram-se num equilíbrio perfeito. Nele, Stevens se ocupa de um dos temas centrais de sua obra: a questão do esvaziamento da religião e sua substituição pela arte. O poema desenvolve uma argumentação poderosa, rejeitando o transcendentalismo cristão em favor de uma religiosidade radiante da matéria, através de uma profusão de imagens deliciosas, impregnadas de uma atmosfera inebriante de lazer e luxo. Nos livros subsequentes a *Harmonium*, sobretudo a partir do terceiro, a vertente discursiva de Stevens aos poucos vai predominando, à medida que o poeta se aprofunda no punhado de temas a que permaneceu sempre fiel.

---

10 Randall Jarrell, "Reflections on Wallace Stevens". In: _____. *Poetry and the Age*. Nova York: Vintage Books, 1955. A primeira edição do livro é de 1953.

A diferença básica entre *Harmonium* e os livros posteriores não é, pois, de temática, e sim de abordagem; os poemas do primeiro livro são marcados pela síntese, a imagem concisa, a epifania; nos livros posteriores, acentua-se cada vez mais a tendência analítica: as imagens são exploradas por todos os ângulos, e o significado integral do poema decorre de todo um processo de raciocínio — ainda que não linear, e não tão lógico quanto pode parecer à primeira vista. É como se, num primeiro momento, o poeta delimitasse seu campo de ação, condensasse os problemas que o interessam, para posteriormente desenvolvê-los, extrair deles todo o seu potencial imagístico e semântico.

O segundo livro de Stevens, *Ideas of Order* (1936), já sinaliza a transição para a fase mais filosofante de sua carreira; e o terceiro, *The Man with the Blue Guitar*, publicado apenas um ano depois, é dominado por dois longos poemas programáticos. Um deles, "Owl's Clover", o mais longo de toda a sua obra, havia sido lançado um ano antes como livro separado e foi reeditado na nova coletânea numa versão reduzida. É em parte uma tentativa do poeta de expor sua visão do momento social e político, talvez para mostrar que, apesar de seus poemas anteriores conterem tantas referências a cacatuas e pavões, Flórida e México, cravos e trombones, ele não era desprovido de consciência social. Em plena depressão econômica, quando uma tendência crítica e socializante começa a predominar na literatura norte-americana, nada poderia parecer mais fora de propósito que os poemas de *Harmonium*, que recendiam a exotismo e decadentismo e pareciam frutos de uma sensibilidade epicurista e pagã. Mas "Owl's Clover" demonstrou que a temática social não era particularmente produtiva para Stevens, que não ficou satisfeito com nenhuma das duas versões do poema e terminou eliminando-o de seus *Collected Poems*. Já no segundo poema longo do livro, "The Man with the Blue Guitar" ("O homem do violão azul"), Stevens retoma alguns de seus temas fundamentais: a necessidade do sublime apesar da falência da religiosidade cristã; o lugar da arte num mundo secularizado; a relação entre imaginação e realidade, poesia e verdade. O próprio autor observa, na orelha da edição original, que esse "grupo" de poemas "trata das conjunções incessantes entre as coisas tais como são e as coisas imaginadas", acrescentando que, "embora o violão azul seja um símbolo da imaginação", ele muitas vezes designa apenas "a individualidade do poeta", em que "poeta" representa "qualquer homem de imaginação".[11] Helen Vendler, talvez a mais perceptiva leitora de Stevens, observa que há aqui certo empobrecimento proposital do vocabulário, uma tentativa de ser mais direto e mais claro; destaca também que "The Man with the Blue Guitar" é o único poema longo com um eu lírico bem delimitado do início ao fim.[12] Poderíamos acrescentar que é o único que adota um metro mais curto (quatro pés por verso). O poema se abre para inúmeras leituras, uma delas de natureza bem tópica: trata-se de uma defesa da arte moderna junto ao público de seu tempo, que não compreende por que motivo os artistas de sua geração se recusam a continuar utilizando formas miméticas na pintura, textos lineares imediatamente compreensíveis na literatura,

---

11 Wallace Stevens, *Collected Poetry and Prose*. Nova York: Library of America, 1996, p. 998.
12 Helen Vendler, *On Extended Wings: Wallace Stevens' Longer Poems*. Cambridge (MA): Harvard University Press, 1969, p. 119.

melodias de fácil apreensão na música. A alusão ao *Velho violonista cego* de Picasso (artista citado explicitamente na seção xv do poema) parece reforçar essa leitura. A voz desse público relutante aparece de modo explícito na primeira seção do poema: "Disseram: 'É azul teu violão,/ Não tocas as coisas tais como são'". O argumento contra uma arte linear e figurativa é claro: para Stevens, a imaginação é a função básica da consciência, e a realidade é, ao menos em grande parte, um produto desta. Não há motivo, portanto, para valorizar o mundo das "coisas como são" em detrimento de outros produtos da imaginação. Também a consciência é real e produto da imaginação, e nenhum outro objeto de conhecimento lhe oferece tanta resistência quanto ela própria; do mesmo modo, para a palavra, instrumento da consciência, nada mais impenetrável que a própria palavra. Por isso, Stevens afirma na seção xxii de "Blue Guitar": "A poesia é o assunto do poema". Essa discussão metapoética é retomada em diversos momentos do livro seguinte, *Parts of a World* (1942), em que dois textos explicitamente tematizam a poesia moderna: "The Poems of Our Climate" ("Os poemas de nosso clima") e "Of Modern Poetry" ("Da poesia moderna").

Em seu quinto livro, *Transport to Summer* (1947), Stevens inclui o texto poético no qual transparece de modo mais completo sua visão estética e metafísica: "Notes toward a Supreme Fiction" ("Apontamentos para uma ficção suprema"). Para Harold Bloom, Stevens "teve aquela sorte radiante restrita aos grandes poetas: seu poema mais ambicioso é seu melhor poema".[13] Nessa longa sequência, o tema da rela-

---

13 Harold Bloom, "Notes toward a Supreme Fiction: A Commentary". In: Ma-

ção entre inspiração criadora e realidade é abordado numa série de reflexões em torno de um ideal artístico, a "ficção suprema". Essa expressão já havia aparecido num poema de *Harmonium*, "A High-Toned Old Christian Woman", num contexto em que Stevens afirmava a mesma tese de "Sunday Morning": a poesia seria a transcendência possível num tempo em que o mito cristão já não está em vigor. Aqui, ao longo de 31 seções, Stevens desenvolve, com abundância de metáforas ora transparentes, ora obscuras, todo um programa estético: a criação artística, como visão da realidade, é ao mesmo tempo ela própria uma realidade e uma projeção do desejo humano; como tal, deve ser abstrata para ser universal; deve ser mutável para captar todas as nuances da "ideia primeira"; e deve proporcionar prazer para saciar o desejo de transcendência que a religião não é mais capaz de satisfazer. Conclui que o produto final dessa inspiração criadora é o que dá sentido à luta da existência humana: numa espécie de epílogo poético, Stevens compara o poeta ao soldado — "Notes" já havia sido publicado separadamente em 1942, num momento crucial da Segunda Guerra Mundial. A obscuridade e a ambiguidade de boa parte do poema vêm gerando grande variedade de interpretações ao longo das décadas. Vendler destaca o equilíbrio maduro que Stevens demonstra em seu poema mais ambicioso: "A vontade que por tantos anos aspirava a uma apoteose agora assume um tom alegre e um distensionamento emocional em todas as direções".[14] Bloom compara as "Notes" às páginas mais ousadas do romantismo

---

rie Borroff (Org). *Wallace Stevens: A collection of Critical Essays*. Englewood Cliffs (NJ): Prentice-Hall, 1963, pp. 76-95.
14 Vendler, op. cit., p. 169.

inglês, mencionando Wordsworth, Keats e Blake, e afirmando que Stevens consegue, ao final do poema, integrar "todos os grandes temas da poesia romântica".[15] Marjorie Perloff, por outro lado, questiona a identificação de Stevens com o romantismo. Ela ressalta o distanciamento do poeta em relação à Segunda Guerra Mundial, que se desenrola enquanto ele trabalha no poema e o publica — mais uma vez, a acusação de "alienação" é levantada contra Stevens —, e comenta, depois de citar alguns pronunciamentos e trechos de cartas do poeta: "É difícil imaginar Wordsworth evitando envolver-se desse modo".[16] Perloff contrasta os poetas de "lirismo puro", como Stevens, com os poetas que fazem uma poesia "impura", recorrendo à colagem, argumentando que aqueles, ao contrário destes, citando Bakhtin, "muitas vezes se tornam autoritários, dogmáticos e conservadores".[17] Seu argumento parece convincente, até o momento em que nos lembramos do modo como se deu o envolvimento de Ezra Pound — para Perloff, o maior representante da corrente "impura" — com o momento histórico.

The Auroras of Autumn (1950) foi o último livro de poesia publicado em vida por Stevens (exceção feita à reunião *Collected Poems*). O texto que dá título à coletânea, "As auroras boreais do outono", é um dos mais bem realizados de todos os poemas longos do autor. A aurora boreal é uma imagem adequada para a instabilidade e a transitoriedade da existên-

---

15 Bloom, op. cit, p. 77.
16 Marjorie Perloff, "Revolving in Crystal: The Supreme Fiction and the Impasse of Modernist Lyric". In: Albert Gelpi (Org.). *Wallace Stevens, the Poetics of Modernism*. Cambridge: Cambridge University Press, 1990, p. 42.
17 Ibid., p. 61.

cia, tal como o outono é a tradicional metáfora para a aproximação da velhice. Numa resenha do livro, Randall Jarrell, ainda que reconhecendo a coerência da trajetória intelectual de um grande poeta, lamenta no Stevens tardio a incapacidade de encarar os objetos concretos senão como "ilustrações de verdades gerais",[18] a perda do interesse pela concretude das coisas e da capacidade de exprimir através de palavras essa percepção imediata. Ainda que a crítica de Jarrell não seja de todo improcedente, é importante observar que parte do problema está na atitude dos leitores que, diante da poesia dessa fase de Stevens, em que escasseiam os estímulos sensoriais e abundam as abstrações e os esquemas sintáticos mais associados à filosofia, terminam dedicando-se de modo excessivo à tentativa de extrair do poema uma argumentação coerente, com premissas e conclusões — uma tarefa muitas vezes fadada ao malogro. Há que levar em conta um ponto importante levantado por Northrop Frye: assim como, segundo Aristóteles, as histórias contadas pelos poetas (e ficcionistas) contêm ações que são "representativas e típicas e não específicas", do mesmo modo "qualquer poema que contenha uma ideia é uma imitação secundária do pensamento, e portanto lida com pensamentos representativos ou típicos: isto é, com formas de pensamento e não proposições específicas".[19] Vendler vai ainda mais longe ao afirmar que, em seus poemas mais filosóficos, Stevens "faz malabarismos com a lógica tal como faz com cores e formas".[20] Ainda que aborde questões subs-

---

18 Jarrell, op. cit., p. 127.
19 Northrop Frye, "The Realistic Oriole: A Study of Wallace Stevens". In: Borroff, op. cit., pp. 161-2.
20 Vendler, op. cit., p. 35.

tanciais, ele o faz como poeta e não como ensaísta; e essa "dança do intelecto entre as palavras",[21] para usar a definição de logopeia dada por Pound, deve ser encarada acima de tudo como dança — arte e não filosofia.

Se a musicalidade e a exuberância de *Harmonium* não reaparecem nos poemas mais tardios, outra qualidade do primeiro Stevens — a concisão epigramática — volta a se manifestar em diversos momentos dos livros posteriores, tornando-se particularmente acentuada nos últimos anos de vida do poeta. Quando edita seus *Collected Poems*, em 1954, Stevens inclui uma seção de poemas inéditos entre os quais se destacam um importante texto longo, "The Rock", que dá título a ela, e também uma série de peças curtas. Numa delas, "The Planet on the Table" ("O planeta na mesa"), Stevens olha retrospectivamente para sua obra, um tema que reaparecerá em outros poemas da última fase. Septuagenário, ele recebe homenagens, dá conferências, lê seus poemas em público e comparece a reuniões de literatos com mais frequência do que em qualquer fase anterior de sua vida. A velhice e a proximidade da morte passam a ser tematizadas em vários poemas, dos quais o mais importante é "To an Old Philosopher in Rome" ("Para um velho filósofo em Roma"). E nessa fase escreve também um punhado de poemas concisos e lapidares em que consegue retomar a limpidez das melhores páginas de *Harmonium*. O velho hedonista volta o olhar desanuviado para um mundo finalmente livre do desejo em "The Course of a Particular" ("O percurso de um pormenor"); o artista ob-

---

21 Ezra Pound, "How to Read". In: _____. *Literary Essays of Ezra Pound*. Londres: Faber and Faber, 1985. O ensaio foi originalmente publicado "em 1928 ou 27", segundo o organizador do volume, T.S. Eliot.

cecado pela ideia de perfeição contempla a própria obra com distanciamento crítico em "As You Leave the Room" ("Ao sair da sala"); o eterno raciocinador vislumbra a beleza aterradora da existência em si, despida de todo adereço da consciência, como se já sentisse a proximidade do fim, munido da mais completa lucidez, em "Of Mere Being" ("Meramente ser"), um poema extraordinário escrito em seus últimos meses de vida. Poucos grandes poetas terão produzido depois dos setenta anos peças tão magistrais como essas.

Na introdução à primeira edição deste livro, em 1987, afirmei que "o critério principal que pautou a organização da presente antologia foi o de apresentar uma mostra representativa da totalidade da obra de Stevens", e ao mesmo tempo lamentei só poder apresentar uma fração muito pequena de uma produção que é extensa e riquíssima em obras-primas. Trinta anos depois, constato que a falta de tempo me impede de fazer mais do que acrescentar um punhado de poemas à seleção original e corrigir algumas das deficiências mais flagrantes das traduções e do texto introdutório do livro de 1987. Acrescentei uma seção de notas, incorporando muitas informações que constam na indispensável obra de referência de Eleanor Cook,[22] e também observações sobre a tradução de alguns dos poemas. Por fim, incluí, a título de apêndice, três textos anteriores à publicação de *Harmonium* que Stevens houve por bem não reeditar em vida. Todos os originais que utilizei foram extraídos do volume da Library of

---

22 Veja nota 4, p. 12.

America, *Collected Poetry and Prose*,[23] que suplantou as coletâneas anteriores e deverá permanecer como a principal edição da obra de Stevens nas próximas décadas, ao menos.

Gostaria de reiterar os agradecimentos aos dois leitores que mais opinaram sobre minhas traduções originais — Italo Moriconi e a falecida Ana Cristina Cesar — e acrescentar os nomes de Leandro Sarmatz, André Conti e Alice Sant'Anna, meus editores, além do de Maria Emilia Bender, que leu e comentou algumas das novas traduções antes de serem publicadas na revista *piauí*. Agradeço também a Sueli Cavendish, que chamou minha atenção para "Gray Room" ("Sala cinzenta"). Por fim, gostaria de fazer um agradecimento coletivo aos muitos alunos que cursaram a disciplina Tradução de Poesia que leciono no Departamento de Letras da PUC-Rio, no Programa de Pós-Graduação em Estudos da Linguagem, já que várias das traduções aqui incluídas foram discutidas e criticadas em sala de aula. Sem dúvida, devo ter acolhido inúmeras críticas e sugestões feitas por eles ao longo dos anos.

---

23 Veja nota 11, p. 17.

DE *HARMONIUM*

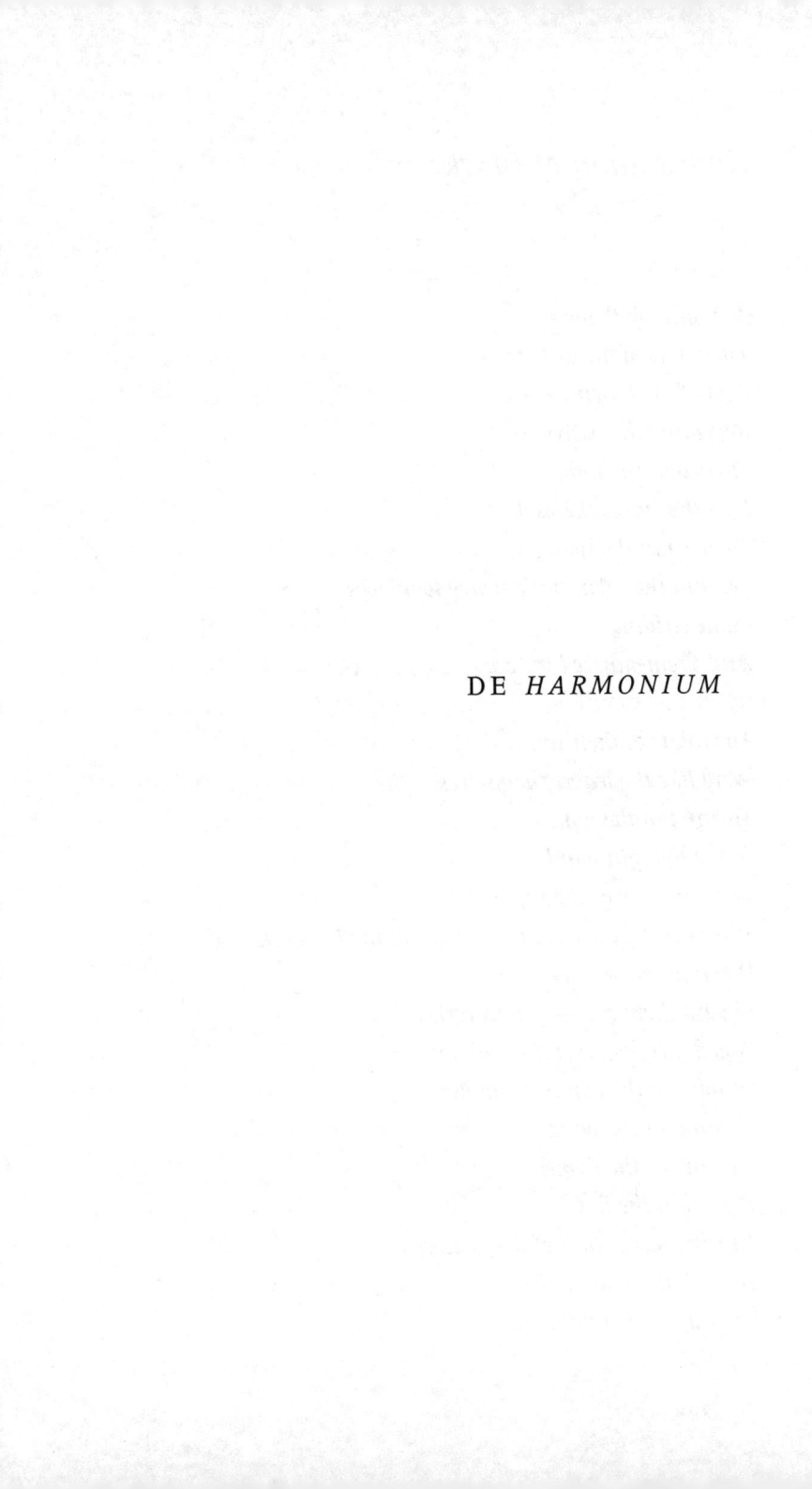

Domination of Black

At night, by the fire,
The colors of the bushes
And of the fallen leaves,
Repeating themselves,
Turned in the room,
Like the leaves themselves
Turning in the wind.
Yes: but the color of the heavy hemlocks
Came striding.
And I remembered the cry of the peacocks.

The colors of their tails
Were like the leaves themselves
Turning in the wind,
In the twilight wind.
They swept over the room,
Just as they flew from the boughs of the hemlocks
Down to the ground.
I heard them cry — the peacocks.
Was it a cry against the twilight
Or against the leaves themselves
Turning in the wind,
Turning as the flames
Turned in the fire,
Turning as the tails of the peacocks
Turned in the loud fire,
Loud as the hemlocks

Predomínio do negro

À noite, ao pé do fogo,
As cores dos arbustos
E das folhas no chão,
A se repetir,
Giravam no quarto,
Como as próprias folhas
Girando no vento.
Sim: mas a cor dos pesados pinhões
Entrou a passos largos.
E então lembrei o grito dos pavões.

As cores das suas caudas
Eram tal como as folhas
Girando no vento,
No vento do poente.
Voaram para dentro do quarto,
Tal como voaram dos ramos dos pinhões
Para o chão.
Ouvi os gritos — os pavões.
Seria um grito contra o poente
Ou contra a cor das folhas
Girando no vento,
Girando como as chamas
Giravam no fogo,
Girando como as caudas dos pavões
Giravam no fogo estridente,
Estridente como os pinhões

Full of the cry of the peacocks?
Or was it a cry against the hemlocks?

Out of the window,
I saw how the planets gathered
Like the leaves themselves
Turning in the wind.
I saw how the night came,
Came striding like the color of the heavy hemlocks
I felt afraid.
And I remembered the cry of the peacocks.

Cheios de gritos de pavões?
Ou era um grito contra os pinhões?

Pela janela,
Vi os planetas se ajuntando
Tal como as folhas
Girando no vento.
Vi a noite chegando,
A passos largos, como a cor dos pesados pinhões.
E tive medo.
E então lembrei o grito dos pavões.

The Snow Man

One must have a mind of winter
To regard the frost and the boughs
Of the pine-trees crusted with snow;

And have been cold a long time
To behold the junipers shagged with ice,
The spruces rough in the distant glitter

Of the January sun; and not to think
Of any misery in the sound of the wind,
In the sound of a few leaves,

Which is the sound of the land
Full of the same wind
That is blowing in the same bare place

For the listener, who listens in the snow,
And, nothing himself, beholds
Nothing that is not there and the nothing that is.

O homem de neve

Há que se ter mente hibernal
Para observar a geada e os galhos
Dos pinheiros encrostados de neve;

E estar ao frio há muito tempo
Para ver os zimbros com beirais de gelo,
Os abetos ásperos no brilho distante

Do sol de janeiro; e não pensar
Em nenhuma aflição ao som do vento,
Ao som de umas poucas folhas,

Que é o som da terra
Cheia do mesmo vento
Que venta no mesmo lugar árido

Para o que ouve, que escuta na neve,
E, ele próprio nada, contempla
Nada que não esteja ali e o nada que lá está.

The Worms at Heaven's Gate

Out of the tomb, we bring Badroulbadour,
Within our bellies, we her chariot.
Here is an eye. And here are, one by one,
The lashes of that eye and its white lid.
Here is the cheek on which that lid declined,
And, finger after finger, here, the hand,
The genius of that cheek. Here are the lips,
The bundle of the body and the feet.
  .   .   .   .   .   .

Out of the tomb we bring Badroulbadour.

Os vermes aos portões do paraíso

Da tumba, trazemos Badrulbadur,
Em nossos ventres, sua carruagem.
Eis um olho. E eis aqui, um por um,
Os cílios desse olho e a alva pálpebra.
Eis a face em que a pálpebra descia,
E aqui, dedo após dedo, eis a mão,
O gênio dessa face. Eis os lábios,
Eis o fardo do corpo, mais os pés.
. . . .
Da tumba trazemos Badrulbadur.

Of Heaven Considered as a Tomb

What word have you, interpreters, of men
Who in the tomb of heaven walk by night,
The darkened ghosts of our old comedy?
Do they believe they range the gusty cold,
With lanterns borne aloft to light the way,
Freemen of death, about and still about
To find whatever they seek? Or does
That burial, pillared up each day as porte
And spiritous passage into nothingness,
Foretell each night the one abysmal night
When the host shall no more wander, nor the light
Of the steadfast lanterns creep across the dark?
Make hue among the dark comedians,
Halloo them in the topmost distances
For answer from their icy Élysée.

O céu concebido como um túmulo

Que me dizeis, intérpretes, dos que
No túmulo do céu andam à noite,
Fantasmas negros da comédia finda?
Creem, talvez, que vagarão pra sempre
No frio, no escuro, com lanternas altas,
Libertos da morte, a buscar sem trégua
O que quer que busquem? Ou a lembrança
Do enterro, portão da espiritual
Chegada ao nada, é antevisão diária
Daquela noite única e abissal
Em que as hostes não mais caminharão,
Nem mais lanternas vão riscar a treva?
Gritai essa pergunta aos céus, que a ouçam
Os sombrios comediantes, e a respondam
Do seu longínquo e gélido Élysée.

Depression before Spring

*The cock crows
But no queen rises.*

*The hair of my blonde
Is dazzling,
As the spittle of cows
Threading the wind.*

Ho! Ho!

*But ki-ki-ri-ki
Brings no rou-cou,
No rou-cou-cou.*

*But no queen comes
In slipper green.*

Depressão antes da primavera

O galo canta,
Mas rainha alguma se levanta.

Minha loura tem cabelos
Deslumbrantes,
Como o cuspe das vacas
Costurando o vento.

Uô! Uô!

Mas cocoricó
Não traz curru nenhum,
Nenhum curru-curru.

Mas rainha alguma vem
Com verde chinelinha.

The Emperor of Ice-Cream

Call the roller of big cigars,
The muscular one, and bid him whip
In kitchen cups concupiscent curds.
Let the wenches dawdle in such dress
As they are used to wear, and let the boys
Bring flowers in last month's newspapers.
Let be be finale of seem.
The only emperor is the emperor of ice-cream.

Take from the dresser of deal,
Lacking the three glass knobs, that sheet
On which she embroidered fantails once
And spread it so as to cover her face.
If her horny feet protrude, they come
To show how cold she is, and dumb.
Let the lamp affix its beam.
The only emperor is the emperor of ice-cream.

O imperador do sorvete

Chama o enrolador de charutos,
O musculoso, e pede-lhe que bata
Em xícaras caseiras cremes lúbricos.
Que as raparigas andem com as roupas
Que costumam usar, e os rapazes
Tragam flores em jornais do mês passado.
Que parecer pereça em ser somente.
O único imperador é o imperador do sorvete.

Pega no armário de pinho, onde
Faltam três puxadores de vidro, o lençol
Em que ela outrora bordou pombas
E cobre o corpo dela até o rosto.
Se um pé cheio de calos ficar de fora,
Verão como está fria e muda, agora.
Que fixe a lâmpada seu feixe quente.
O único imperador é o imperador do sorvete.

Disillusionment of Ten O'clock

The houses are haunted
By white night-gowns.
None are green,
Or purple with green rings,
Or green with yellow rings,
Or yellow with blue rings.
None of them are strange,
With socks of lace
And beaded ceintures.
People are not going
To dream of baboons and periwinkles.
Only, here and there, an old sailor,
Drunk and asleep in his boots,
Catches tigers
In red weather.

Desilusão das dez horas

As casas são assombradas
Por camisolas brancas.
Nenhuma é verde,
Nem roxa com bainha verde,
Nem verde com bainha amarela,
Nem amarela com bainha azul.
Nenhuma delas é estranha,
Com meias de renda
E faixas de contas.
Ninguém vai sonhar
Com caramujos e orangotangos.
Só um ou outro marinheiro velho,
Bêbado, dorme de botas,
E pega tigres
Em dia vermelho.

Sunday Morning

I

Complacencies of the peignoir, and late
Coffee and oranges in a sunny chair,
And the green freedom of a cockatoo
Upon a rug mingle to dissipate
The holy hush of ancient sacrifice.
She dreams a little, and she feels the dark
Encroachment of that old catastrophe,
As a calm darkens among water-lights.
The pungent oranges and bright, green wings
Seem things in some procession of the dead,
Winding across wide water, without sound.
The day is like wide water, without sound,
Stilled for the passing of her dreaming feet
Over the seas, to silent Palestine,
Dominion of the blood and sepulchre.

II

Why should she give her bounty to the dead?
What is divinity if it can come
Only in silent shadows and in dreams?
Shall she not find in comforts of the sun,
In pungent fruit and bright, green wings, or else
In any balm or beauty of the earth,

Manhã de domingo

I

Complacência de penhoar, café
E laranjas ao sol das onze horas,
Verde indolência de uma cacatua
No tapete — isso ajuda a dissipar
O santo silêncio do sacrifício.
Mas ela sonha, e sente aproximar-se,
Escura e lenta, a catástrofe antiga,
Como o descer da noite sobre as águas.
O odor das frutas, brilho de asas verdes
Virão talvez da procissão dos mortos,
Atravessando as águas, silenciosa.
A manhã, como as águas, silenciosa,
Aquietou-se para dar passagem
A seus pés sonhadores sobre os mares
À Terra Santa de sangue e sepulcro.

II

Por que legar aos mortos o que é dela?
O que é o divino, se se manifesta
Somente em sonhos, sombras silenciosas?
Por que não encontrar prazer no sol,
No odor das frutas, brilho de asas verdes,
Em qualquer outro bálsamo terreno,

Things to be cherished like the thought of heaven?
Divinity must live within herself:
Passions of rain, or moods in falling snow;
Grievings in loneliness, or unsubdued
Elations when the forest blooms; gusty
Emotions on wet roads on autumn nights;
All pleasures and all pains, remembering
The bough of summer and the winter branch.
These are the measures destined for her soul.

III

Jove in the clouds had his inhuman birth.
No mother suckled him, no sweet land gave
Large-mannered motions to his mythy mind
He moved among us, as a muttering king,
Magnificent, would move among his hinds,
Until our blood, commingling, virginal,
With heaven, brought such requital to desire
The very hinds discerned it, in a star.
Shall our blood fail? Or shall it come to be
The blood of paradise? And shall the earth
Seem all of paradise that we shall know?
The sky will be much friendlier then than now,
A part of labor and a part of pain,
And next in glory to enduring love,
Not this dividing and indifferent blue.

Tão caro quanto o próprio paraíso?
É nela que o divino há de viver:
Paixões chuvosas, cismas de nevascas;
Negras solidões, gozos incontidos
Quando a floresta se abre em flor; lufadas
De emoção em noites frescas de outono;
Toda dor e delícia, a recordar
O ramo do verão, galho hibernal.
Estes, os ritmos próprios de sua alma.

III

Nas nuvens nasceu Jove, o não humano,
Que mãe não aleitou, e em relva fresca
Com passos divinais jamais pisou.
Caminhou entre nós, um rei absorto,
Magnífico, portento entre os humildes,
Até que sangue humano e virginal
Mesclou-se ao céu, anseio tão intenso
Que o viram os mais humildes, numa estrela.
Fracassará nosso sangue? Ou virá
A ser do paraíso? E será a terra
O paraíso único possível?
O céu ainda será nosso aliado,
Na dor e no cansaço, quase igual
Em glória ao próprio amor imorredouro,
Não mais um muro indiferente e azul.

IV

She says, "I am content when wakened birds,
Before they fly, test the reality
Of misty fields, by their sweet questionings;
But when the birds are gone, and their warm fields
Return no more, where, then, is paradise?"
There is not any haunt of prophecy,
Nor any old chimera of the grave,
Neither the golden underground, nor isle
Melodious, where spirits gat them home,
Nor visionary south, nor cloudy palm
Remote on heaven's hill, that has endured
As April's green endures; or will endure
Like her remembrance of awakened birds,
Or her desire for June and evening, tipped
By the consummation of the swallow's wings.

V

She says, "But in contentment I still feel
The need of some imperishable bliss."
Death is the mother of beauty; hence from her,
Alone, shall come fulfilment to our dreams
And our desires. Although she strews the leaves
Of sure obliteration on our paths,
The path sick sorrow took, the many paths
Where triumph rang its brassy phrase, or love
Whispered a little out of tenderness,
She makes the willow shiver in the sun

IV

Diz ela: "Quando os pássaros questionam
Com cantos matinais a realidade
Dos campos enevoados, sou feliz;
Mas quando vão embora, e vai-se junto
Toda a paisagem, onde o paraíso?".
Não há nenhuma negra profecia,
Não há quimera sepulcral tampouco,
Nem ilha melodiosa, habitada
Por espíritos, nem doce eldorado
No sul, nem palmeira em longínqua névoa
De outeiro no céu que perdure mais
Do que o verdor da primavera, mais
Que a lembrança de uma manhã com pássaros,
Ou um desejo de tarde de verão
Consumada nas asas da andorinha.

V

Diz ela: "Ainda assim, sei que preciso
De algum contentamento imperecível".
A morte é a mãe do belo; assim, só ela
Satisfaz nossos sonhos e desejos.
Ainda que ela espalhe as folhas secas
Do aniquilamento a nossa frente
Pelo caminho da dor, pelos muitos
Caminhos onde a vitória exultou,
Ou onde o amor sussurrou sua ternura,
Faz o salgueiro estremecer ao sol,

For maidens who were wont to sit and gaze
Upon the grass, relinquished to their feet.
She causes boys to pile new plums and pears
On disregarded plate. The maidens taste
And stray impassioned in the littering leaves.

VI

Is there no change of death in paradise?
Does ripe fruit never fall? Or do the boughs
Hang always heavy in that perfect sky,
Unchanging, yet so like our perishing earth,
With rivers like our own that seek for seas
They never find, the same receding shores
That never touch with inarticulate pang?
Why set the pear upon those river-banks
Or spice the shores with odors of the plum?
Alas, that they should wear our colors there,
The silken weavings of our afternoons,
And pick the strings of our insipid lutes!
Death is the mother of beauty, mystical,
Within whose burning bosom we devise
Our earthly mothers waiting, sleeplessly.

VII

Supple and turbulent, a ring of men
Shall chant in orgy on a summer morn
Their boisterous devotion to the sun,

Pra moças que antes sonhavam na relva,
No abandono. Ela faz com que rapazes
Empilhem ameixas e peras novas
Em um prato esquecido. As moças provam,
E apaixonadas vagam sobre as folhas.

VI

Não haverá morte no paraíso?
Não cairá a fruta madura? Os galhos
Hão de ficar pra sempre carregados
Naquele céu perfeito e imutável,
E ao mesmo tempo semelhante ao mundo
Mortal, com rios que buscam sempre mares
Que nunca hão de tocar com lábios mudos?
De que servem as maçãs nessas margens?
Por que adoçar com ameixa aquelas praias?
Que triste, lá brilharem nossas cores,
Tecer-se a seda de nossas manhãs,
Soarem nossos violões insípidos!
A morte é a mãe do belo, a morte, mística,
E no seu seio cálido sonhamos
A mãe terrena, insone, a nossa espera.

VII

Homens ágeis e alegres, de mãos dadas,
Numa manhã de verão, numa orgia,
Hão de cantar em devoção ao sol,

Not as a god, but as a god might be,
Naked among them, like a savage source.
Their chant shall be a chant of paradise,
Out of their blood, returning to the sky;
And in their chant shall enter, voice by voice,
The windy lake wherein their lord delights,
The trees, like serafin, and echoing hills,
That choir among themselves long afterward.
They shall know well the heavenly fellowship
Of men that perish and of summer morn.
And whence they came and whither they shall go
The dew upon their feet shall manifest.

VIII

She hears, upon that water without sound,
A voice that cries, "The tomb in Palestine
Is not the porch of spirits lingering.
It is the grave of Jesus, where he lay."
We live in an old chaos of the sun,
Or old dependency of day and night,
Or island solitude, unsponsored, free,
Of that wide water, inescapable.
Deer walk upon our mountains, and the quail
Whistle about us their spontaneous cries;
Sweet berries ripen in the wilderness;
And, in the isolation of the sky,
At evening, casual flocks of pigeons make
Ambiguous undulations as they sink,
Downward to darkness, on extended wings.

Não como um deus, mas como um deus seria,
Nu entre eles, uma fonte bárbara.
E seu canto há de ser paradisíaco,
Voltando do seu sangue para o céu;
E no seu canto entrará, voz a voz,
O lago que deleita seu senhor,
As árvores seráficas, e os montes
Por muito tempo a repetir sua música.
Conhecerão a sagrada irmandade
De homens mortais e manhãs de verão.
E de onde vieram, e aonde irão,
O orvalho nos seus pés indicará.

VIII

Ela ouve, nas águas silenciosas,
Uma voz gritar: "O Santo Sepulcro
Não é alpendre onde repousem espíritos,
Mas o túmulo onde jazeu Jesus".
Vivemos nesse velho caos de sol,
Ou velha servidão de noite e dia,
Ou solidão de ilha, livre e solta,
De águas silenciosas e implacáveis.
Cervos andam pelos montes; codornas
Assobiam, espontâneas; nas matas
Amadurecem amoras silvestres.
E, no isolamento do céu azul,
Pombas revoam ao entardecer,
Fazendo ondulações ambíguas, vagas,
Em direção à sombra, com suas asas.

Anecdote of the Jar

I placed a jar in Tennessee,
And round it was, upon a hill.
It made the slovenly wilderness
Surround that hill.

The wilderness rose up to it,
And sprawled around, no longer wild.
The jar was round upon the ground
And tall and of a port in air.

It took dominion everywhere.
The jar was gray and bare.
It did not give of bird or bush,
Like nothing else in Tennessee.

Caso do jarro

Pousei um jarro em Tennessee,
E era redondo, sobre um morro.
O jarro fez o mato amorfo
Cercar o morro.

Subiu o mato até o jarro,
E fez-se grama, e o circundou.
O jarro era redondo e alto
E tinha certo porte no ar.

Ele imperou por toda parte.
Era cinzento e nu o jarro.
Nele nem pássaro nem planta,
Só nele, em todo Tennessee.

Palace of the Babies

The disbeliever walked the moonlit place,
Outside of gates of hammered serafin,
Observing the moon-blotches on the walls.

The yellow rocked across the still façades,
Or else sat spinning on the pinnacles,
While he imagined humming sounds and sleep.

The walker in the moonlight walked alone,
And each blank window of the building balked
His loneliness and what was in his mind:

If in a shimmering room the babies came,
Drawn close by dreams of fledgling wing,
It was because night nursed them in its fold.

Night nursed not him in whose dark mind
The clambering wings of birds of black revolved,
Making harsh torment of the solitude.

The walker in the moonlight walked alone,
And in his heart his disbelief lay cold.
His broad-brimmed hat came close upon his eyes.

Palácio dos bebês

O incréu caminhava à luz da lua,
Passando por portões de serafim,
Vendo as manchas de luar sobre os muros.

O amarelo dançava nas fachadas
Silentes, rodopiava nos pináculos,
E ele pensava em sono e acalantos.

O andarilho ao luar ia sozinho;
Cada janela nua lhe sustava
A solidão e o que ele tinha em mente:

Se, por sonhos de asa tenra atraídos,
Vinham os bebês a um salão translúcido
Era porque os acalentava a noite.

Mas não a ele, o de mente escura
Onde aves de asas negras debatiam-se,
Tornando-lhe em tormento a solidão.

O andarilho ao luar ia sozinho,
O coração frio de incredulidade,
O chapéu enterrado até os olhos.

Tattoo

The light is like a spider.
It crawls over the water.
It crawls over the edges of the snow.
It crawls under your eyelids
And spreads its webs there —
Its two webs.

The webs of your eyes
Are fastened
To the flesh and bones of you
As to rafters of grass.

There are filaments of your eyes
On the surface of the water
And in the edges of the snow.

Tatuagem

A luz lembra uma aranha.
Caminha sobre a água,
Caminha pelas margens da neve.
Penetra sob as tuas pálpebras
E espalha ali suas teias —
Duas teias.

As teias de teus olhos
Estão atadas
À carne e aos ossos teus
Como a um caibro ou capim.

Há filamentos de teus olhos
Na superfície da água
E nas margens da neve.

Gubbinal

That strange flower, the sun,
Is just what you say.
Have it your way.

The world is ugly,
And the people are sad.

That tuft of jungle feathers,
That animal eye,
Is just what you say.

That savage of fire,
That seed,
Have it your way.

The world is ugly,
And the people are sad.

Parvoália

Essa flor estranha, o sol,
É o que você diz que é.
Se é assim que você quer.

O mundo é feio,
E ninguém é feliz.

Esse tufo de plumas de bugre,
Esse olho animal,
É o que você diz que é.

Esse selvagem de fogo,
Essa semente,
Se é assim que você quer.

O mundo é feio,
E ninguém é feliz.

Peter Quince at the Clavier

I

Just as my fingers on these keys
Make music, so the selfsame sounds
On my spirit make a music, too.

Music is feeling, then, not sound;
And thus it is that what I feel,
Here in this room, desiring you,

Thinking of your blue-shadowed silk,
Is music. It is like the strain
Waked in the elders by Susanna.

Of a green evening, clear and warm,
She bathed in her still garden, while
The red-eyed elders, watching, felt

The basses of their beings throb
In witching chords, and their thin blood
Pulse pizzicati of Hosanna.

II

In the green water, clear and warm,
Susanna lay.

Peter Quince ao cravo

I

Tal qual meus dedos nestas teclas fazem
Música, na minha alma os mesmos sons
Fazem uma espécie de música também.

Música, pois, não é som, mas sentimento;
E assim é que o que sinto por ti,
Aqui nesta sala, a desejar-te, a pensar

Na tua seda de sombras azuis,
É música. É tal como a toada
Que Susana despertou nos anciãos;

No jardim, na tarde verde, morna e límpida,
Ela banhava-se tranquila, e os anciãos
De olhos vermelhos, a vê-la, sentiam

O grave de seus seres latejando
Acordes mágicos, seu sangue ralo
Pulsando pizicatos de Hosanas.

II

Susana, na água verde, morna e límpida,
A repousar,

She searched
The touch of springs,
And found
Concealed imaginings.
She sighed,
For so much melody.

Upon the bank, she stood
In the cool
Of spent emotions.
She felt, among the leaves,
The dew
Of old devotions.

She walked upon the grass,
Still quavering.
The winds were like her maids,
On timid feet,
Fetching her woven scarves,
Yet wavering.

A breath upon her hand
Muted the night.
She turned —
A cymbal crashed,
And roaring horns.

Buscava o toque
Das fontes frescas,
Mas encontrava
Sonhos secretos.
E suspirava
De tanta música.

Agora, já na margem, ela gozava
O frescor
De extintas emoções.
Sentia, entre as folhas,
O orvalho
De antigas devoções.

Andava pela grama,
Ainda a vibrar.
A brisa era uma serva
De pés tão tímidos,
Buscando-lhe o xale,
Mas a hesitar.

Um sopro em sua mão
Calou a noite.
Ela virou-se —
Explodem címbalos,
Gritam clarins.

III

*Soon, with a noise like tambourines,
Came her attendant Byzantines.*

*They wondered why Susanna cried
Against the elders by her side;*

*And as they whispered, the refrain
Was like a willow swept by rain.*

*Anon, their lamps' uplifted flame
Revealed Susanna and her shame.*

*And then, the simpering Byzantines
Fled, with a noise like tambourines.*

IV

*Beauty is momentary in the mind —
The fitful tracing of a portal;
But in the flesh it is immortal.*

*The body dies; the body's beauty lives.
So evenings die, in their green going,
A wave, interminably flowing.
So gardens die, their meek breath scenting
The cowl of winter, done repenting.
So maidens die, to the auroral
Celebration of a maiden's choral.*

III

Em seguida, com notas argentinas,
Acorrem-lhe as servas bizantinas.

Susana grita, contorcendo as mãos
E aponta, acusadora, os dois anciãos;

As criadas sussurram, um som brejeiro
Como chuva a açoitar um salgueiro.

E então, de suas lâmpadas, as chamas
Revelam a vergonha de Susana.

Escafedem-se as servas bizantinas,
Rindo um riso de notas argentinas.

IV

Beleza na mente vive um momento —
O traçar impulsivo de um portal;
Porém na carne torna-se imortal.

O corpo morre; sua beleza vive.
Morrem as tardes num verde esvair,
Onda incessante, eternamente a fluir.
Morrem jardins, com seu hálito terno
A perfumar, arrependido, o inverno.
Morrem as virgens, ao som triunfal
De um esplêndido coro virginal.

*Susanna's music touched the bawdy strings
Of those white elders; but, escaping,
Left only Death's ironic scraping.
Now, in its immortality, it plays
On the clear viol of her memory,
And makes a constant sacrament of praise.*

Susana fez vibrar, com sua música,
Dos alvos anciãos as cordas lúbricas.
Restou da Morte a ironia ríspida.
E agora soa, imortal fervor,
Na viola límpida de sua memória,
Constante sacramento de louvor.

Thirteen Ways of Looking at a Blackbird

I

Among twenty snowy mountains,
The only moving thing
Was the eye of the blackbird.

II

I was of three minds,
Like a tree
In which there are three blackbirds.

III

The blackbird whirled in the autumn winds.
It was a small part of the pantomime.

IV

A man and a woman
Are one.
A man and a woman and a blackbird
Are one.

Treze maneiras de olhar para um melro

I

Em vinte montanhas nevadas
Só uma coisa se movia:
O olho do melro.

II

Eu estava entre três opções,
Como árvore
Em que pousaram três melros.

III

O melro girava no vento outonal.
Era um figurante na pantomima.

IV

Um homem mais uma mulher
Dá um.
Um homem mais uma mulher mais um melro
Dá um.

V

I do not know which to prefer,
The beauty of inflections
Or the beauty of innuendoes,
The blackbird whistling
Or just after.

VI

Icicles filled the long window
With barbaric glass.
The shadow of the blackbird
Crossed it, to and fro.
The mood
Traced in the shadow
An indecipherable cause.

VII

O thin men of Haddam,
Why do you imagine golden birds?
Do you not see how the blackbird
Walks around the feet
Of the women about you?

V

Não sei se prefiro
A beleza das inflexões
Ou a das insinuações,
O assovio do melro
Ou o instante depois.

VI

O gelo cobria a longa janela
Com bárbaros cristais.
A sombra do melro
Cruzava-a de lá para cá.
E na sombra
Desenhou-se
Uma causa indecifrável.

VII

Ó homens magros de Haddam,
Por que sonhais aves douradas?
Acaso não vedes o melro
A caminhar por entre os pés
Das mulheres que vos cercam?

VIII

I know noble accents
And lucid, inescapable rhythms;
But I know, too,
That the blackbird is involved
In what I know.

IX

When the blackbird flew out of sight,
It marked the edge
Of one of many circles.

X

At the sight of blackbirds
Flying in a green light,
Even the bawds of euphony
Would cry out sharply.

XI

He rode over Connecticut
In a glass coach.
Once, a fear pierced him,
In that he mistook

VIII

Sei de nobres entoações,
E ritmos lúcidos, irresistíveis;
Mas sei também
Que o melro tem a ver
Com o que sei.

IX

Quando voou além de onde a vista alcança,
O melro demarcou o limite
De um de muitos círculos.

X

Ao ver melros voando
Numa luz esverdeada,
Mesmo os caftens da eufonia
Exclamariam espantados.

XI

Ele atravessava Connecticut
Num tílburi de vidro.
Certa vez teve medo:
Por um instante pensou

The shadow of his equipage
For blackbirds.

XII

The river is moving.
The blackbird must be flying.

XIII

It was evening all afternoon.
It was snowing
And it was going to snow.
The blackbird sat
In the cedar-limbs.

Que a sombra da carruagem
Eram melros.

XII

O rio está correndo.
O melro deve estar voando.

XIII

Era noite, a tarde toda.
Nevava
E ia nevar.
E o melro imóvel
Num galho de cedro.

Sea Surface Full of Clouds

I

In that November off Tehuantepec,
The slopping of the sea grew still one night
And in the morning summer hued the deck

And made one think of rosy chocolate
And gilt umbrellas. Paradisal green
Gave suavity to the perplexed machine

Of ocean, which like limpid water lay.
Who, then, in that ambrosial latitude
Out of the light evolved the moving blooms,

Who, then, evolved the sea-blooms from the clouds
Diffusing balm in that Pacific calm?
C'était mon enfant, mon bijou, mon âme.

The sea-clouds whitened far below the calm
And moved, as blooms move, in the swimming green
And in its watery radiance, while the hue

Of heaven in an antique reflection rolled
Round those flotillas. And sometimes the sea
Poured brilliant iris on the glistening blue.

Marinha, com nuvens

I

Era novembro, em Tehuantepec,
E o marulhar do mar calou-se à noite.
Pela manhã desceu sobre o convés

Uma cor morna, como chocolate
Âmbar, como sombrinhas amarelas.
Um verde-éden suavizava a máquina

Do oceano, de uma limpidez perplexa.
Mas quem, naquela doce latitude,
Fez flores líquidas de luz se abrirem,

Mas quem de nuvens fez flores de mar,
Deitando bálsamo sobre o Pacífico?
C'était mon enfant, mon bijou, mon âme.

Dentro do mar, as nuvens alvejavam,
Flores moventes, num verde marinho
E radiante, enquanto o céu fluía

Num antiquíssimo reflexo em volta
Dessas flotilhas. Vez por outra o mar
Vertia um íris vívido no azul.

II

In that November off Tehuantepec
The slopping of the sea grew still one night.
At breakfast jelly yellow streaked the deck

And made one think of chop-house chocolate
And sham umbrellas. And a sham-like green
Capped summer-seeming on the tense machine

Of ocean, which in sinister flatness lay.
Who, then, beheld the rising of the clouds
That strode submerged in that malevolent sheen,

Who saw the mortal massives of the blooms
Of water moving on the water-floor?
C'était mon frère du ciel, ma vie, mon or.

The gongs rang loudly as the windy booms
Hoo-hooed it in the darkened ocean-blooms.
The gongs grew still. And then blue heaven spread

Its crystalline pendentives on the sea
And the macabre of the water-glooms
In an enormous undulation fled.

III

In that November off Tehuantepec,
The slopping of the sea grew still one night
And a pale silver patterned on the deck

II

Era novembro, em Tehuantepec,
E o marulhar do mar calou-se à noite.
À hora do café, sobre o convés

Havia listras de um ouro-geleia,
Como chocolate vulgar, ou como
Sombrinhas falsas. Sobre a tensa máquina

Do oceano, em sinistra lassidão,
Um verde falso fingia verão.
Mas quem daquela luz nefasta viu

Nuvens se erguerem, quem viu flores d'água
Imensas e mortais dentro do mar?
C'était mon frère du ciel, ma vie, mon or.

Soavam altos os gongos de vento
Dentro da treva das flores de mar.
Calaram-se os gongos. Raias de azul

Cristalino do céu desceram ao mar,
E em meio a uma ondulação imensa
As flores d'água, mórbidas, fugiram.

III

Era novembro, em Tehuantepec,
E o marulhar do mar calou-se à noite.
Manchas brandas de prata no convés

And made one think of porcelain chocolate
And pied umbrellas. An uncertain green,
Piano-polished, held the tranced machine

Of ocean, as a prelude holds and holds.
Who, seeing silver petals of white blooms
Unfolding in the water, feeling sure

Of the milk within the saltiest spurge, heard, then,
The sea unfolding in the sunken clouds?
Oh! C'était mon extase et mon amour.

So deeply sunken were they that the shrouds,
The shrouding shadows, made the petals black
Until the rolling heaven made them blue,

A blue beyond the rainy hyacinth,
And smiting the crevasses of the leaves
Deluged the ocean with a sapphire blue.

IV

In that November off Tehuantepec
The night-long slopping of the sea grew still.
A mallow morning dozed upon the deck

And made one think of musky chocolate
And frail umbrellas. A too-fluent green
Suggested malice in the dry machine

Lembravam chocolate de cristal,
Sombrinhas furta-cor. Um verde incerto,
Envernizado, punha em transe a máquina

Do oceano, como um prelúdio insistente.
E quem, quando viu pétalas prateadas
Se abrirem n'água, quem, sabendo o leite

Que a mais amarga flor contém, ouviu
O mar desdobrar-se em nuvens submersas?
Oh! C'était mon extase et mon amour.

No fundo d'água, as pétalas, envoltas
Em véus de sombra, pareciam negras,
Até que o céu lhes derramou um azul

Mais denso e líquido que o da hortênsia,
Que traspassou as folhas e inundou
O mar, tornando-o em safira imensa.

IV

Era novembro, em Tehuantepec
E à noite o mar cessou de marulhar.
A manhã deitou malva no convés,

Lembrando chocolate-almíscar, ou
Sombrinhas frágeis. Um verde voraz
Dava malícia à ressequida máquina

Of ocean, pondering dank stratagem.
Who then beheld the figures of the clouds
Like blooms secluded in the thick marine?

Like blooms? Like damasks that were shaken off
From the loosed girdles in the spangling must.
C'était ma foi, la nonchalance divine.

The nakedness would rise and suddenly turn
Salt masks of beard and mouths of bellowing,
Would — But more suddenly the heaven rolled

Its bluest sea-clouds in the thinking green,
And the nakedness became the broadest blooms,
Mile-mallows that a mallow sun cajoled.

V

In that November off Tehuantepec
Night stilled the slopping of the sea. The day
Came, bowing and voluble, upon the deck,

Good clown... One thought of Chinese chocolate
And large umbrellas. And a motley green
Followed the drift of the obese machine

Of ocean, perfected in indolence.
What pistache one, ingenious and droll,
Beheld the sovereign clouds as jugglery

Do oceano, uma astúcia densa e úmida.
Quem, pois, contemplou as formas das nuvens,
Como flores enclaustradas no mar?

Ou como frutas arrancadas, quedas
Num limo transparente e luminoso?
C'était ma foi, la nonchalance divine.

A súbita nudez mostrou as máscaras
De barba salgada, bocas de gritos,
Que — Porém o céu, mais súbito ainda,

Soltou nuvens aquazuis sobre o verde
Absorto, e a nudez se abriu em pétalas
Malvíssimas, que um sol malvo abraçou.

v

Era novembro, em Tehuantepec
E a noite interrompeu o marulhar
Do mar. Subiu o dia no convés,

Gentil palhaço... como chocolate
Chinês, ou guarda-chuvas. Um tom verde
Arlequinal seguia a obesa máquina

Do oceano, em indolente perfeição.
E quem, com olhos chistosos de pistache,
Das nuvens fez níveos malabaristas,

And the sea as turquoise-turbaned Sambo, neat
At tossing saucers — cloudy-conjuring sea?
C'était mon esprit bâtard, l'ignominie.

The sovereign clouds came clustering. The conch
Of loyal conjuration trumped. The wind
Of green blooms turning crisped the motley hue

To clearing opalescence. Then the sea
And heaven rolled as one and from the two
Came fresh transfigurings of freshest blue.

Do sóbrio mar — mago que invoca nuvens —
Fez serviçal lançando pratos no ar?
C'était mon esprit bâtard, l'ignominie.

As nobres nuvens se uniram ao soar
Da trompa a convocá-las. Veio o vento
De flores esverdeadas, transformando

O que era variegado em iridescente.
De céu e mar, tornados coisa una,
Brotaram emanações de um claro azul.

DE *IDEAS OF ORDER*

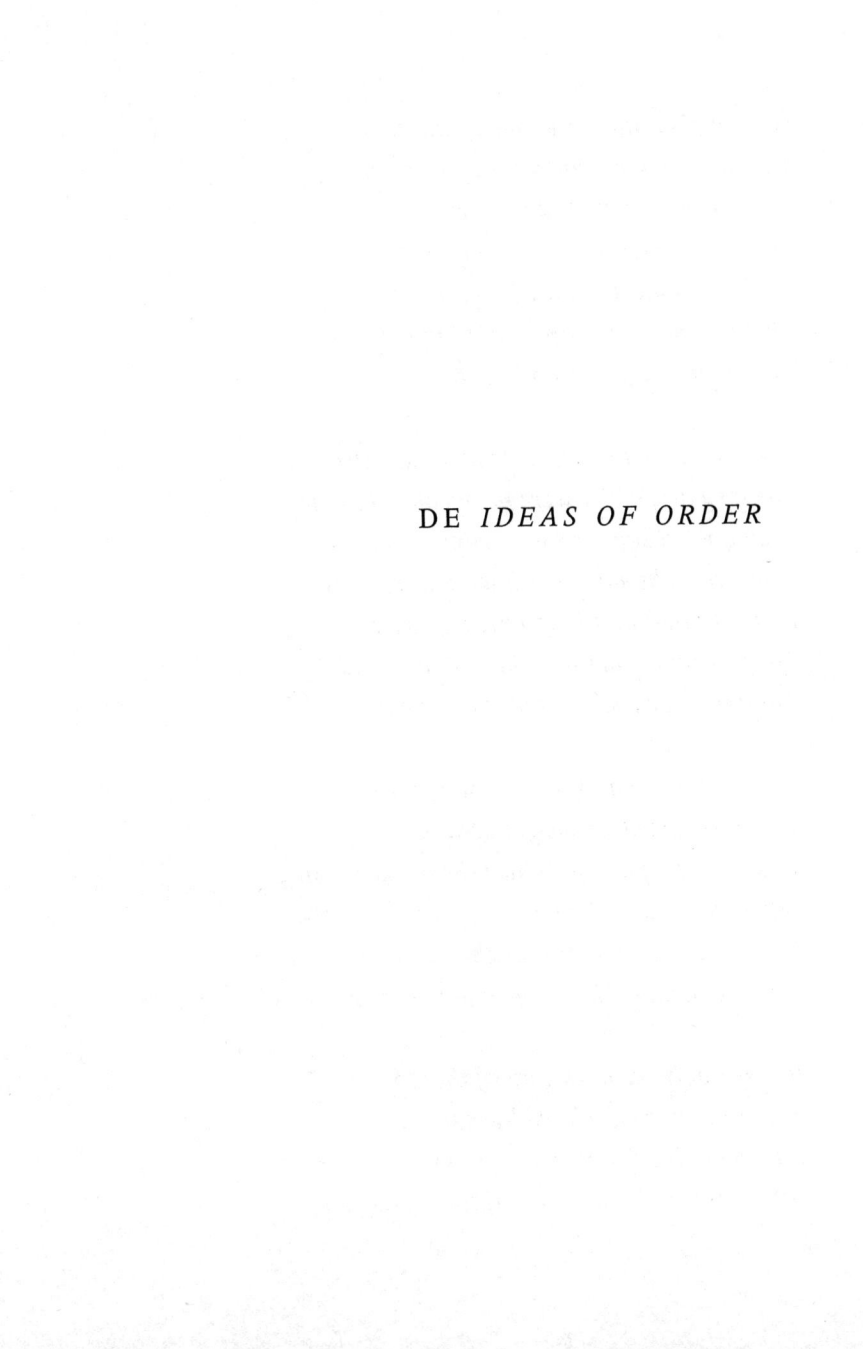

The Idea of Order at Key West

She sang beyond the genius of the sea.
The water never formed to mind or voice,
Like a body wholly body, fluttering
Its empty sleeves; and yet its mimic motion
Made constant cry, caused constantly a cry,
That was not ours although we understood,
Inhuman, of the veritable ocean.

The sea was not a mask. No more was she.
The song and water were not medleyed sound
Even if what she sang was what she heard,
Since what she sang was uttered word by word.
It may be that in all her phrases stirred
The grinding water and the gasping wind;
But it was she and not the sea we heard.

For she was the maker of the song she sang.
The ever-hooded, tragic-gestured sea
Was merely a place by which she walked to sing.
Whose spirit is this? we said, because we knew
It was the spirit that we sought and knew
That we should ask this often as she sang.

If it was only the dark voice of the sea
That rose, or even colored by many waves;
If it was only the outer voice of sky
And cloud, of the sunken coral water-walled,

A ideia de ordem em Key West

Ela cantava além do gênio do mar.
A água não formava mente ou voz,
Como um corpo todo corpo, agitando
As mangas ocas; essa mímica, no entanto,
Era um grito constante, sempre um grito
Que não era nosso, embora o entendêssemos,
Inumano, do verdadeiro oceano.

O mar não era máscara. Nem ela.
Canto e água não eram contraponto
Ainda que ela ouvisse o que cantava:
Seu canto era palavra por palavra.
Talvez em cada frase transpirasse
Água a ranger, vento a resfolegar;
Mas era ela e não o mar que ouvíamos.

Pois era ela a autora de seu canto.
O mar, capuz eterno, gestos trágicos,
Era cenário de seu canto, apenas.
E perguntamos: de quem é esse espírito?
Sabendo que era àquele que buscávamos
Que urgia perguntar, ouvindo o canto.

Se fosse só a escura voz do mar
A se elevar, mesmo com a cor de muitas ondas;
Se fosse só a voz exterior do céu
E nuvem, e coral murado em água,

However clear, it would have been deep air,
The heaving speech of air, a summer sound
Repeated in a summer without end
And sound alone. But it was more than that,
More even than her voice, and ours, among
The meaningless plungings of water and the wind,
Theatrical distances, bronze shadows heaped
On high horizons, mountainous atmospheres
Of sky and sea.
                    It was her voice that made
The sky acutest at its vanishing.
She measured to the hour its solitude.
She was the single artificer of the world
In which she sang. And when she sang, the sea,
Whatever self it had, became the self
That was her song, for she was the maker. Then we,
As we beheld her striding there alone,
Knew that there never was a world for her
Except the one she sang and, singing, made.

Ramon Fernandez, tell me, if you know,
Why, when the singing ended and we turned
Toward the town, tell why the glassy lights,
The lights in the fishing boats at anchor there,
As the night descended, tilting in the air,
Mastered the night and portioned out the sea,
Fixing emblazoned zones and fiery poles,
Arranging, deepening, enchanting night.

Oh! Blessed rage for order, pale Ramon,
The maker's rage to order words of the sea,

Ainda que clara, seria ar profundo,
Fala arquejante de ar, som estival
A repetir-se num verão sem fim,
Apenas som. Mas era mais que isso,
Mais que a voz dela até, e as nossas, entre
Mergulhos sem sentido de água e vento,
Distâncias teatrais, sombras de bronze
Apinhadas no horizonte, atmosferas
Montanhosas de céu e mar.
                            Era a voz dela
Que aguçava o céu em sua agonia.
Ela media-lhe da solidão a hora.
Ela era a artífice única do mundo
Em que cantava. E, ao cantar, o mar,
Fosse o que fosse antes, se tornava
O ser do canto dela, a criadora. E nós,
Ao vê-la esplêndida e sozinha, compreendemos
Que para ela nunca houve outro mundo
Senão aquele que, ao cantar, ela criava.

Ramon Fernandez, se souber, me diga
Por quê, ao fim do canto, quando íamos
Rumo à cidade, por que as luzes vítreas,
As luzes das traineiras ancoradas,
Pensas no ar do entardecer, dominavam
A noite e parcelavam todo o mar, fixando
Regiões feéricas, polos de fogo,
Dispondo, aprofundando, enfeitiçando a noite.

Ah, pálido Ramon, bendito afã
De ordem, afã do criador de ordenar

Words of the fragrant portals, dimly-starred,
And of ourselves and of our origins,
In ghostlier demarcations, keener sounds.

Palavras do mar, de portais fragrantes,
Estrelados, e de nós, de nossa origem,
Em espectrais demarcações, em sons pungentes.

DE *THE MAN WITH THE BLUE GUITAR*

The Man with the Blue Guitar

I

The man bent over his guitar,
A shearsman of sorts. The day was green.

They said, "You have a blue guitar,
You do not play things as they are."

The man replied, "Things as they are
Are changed upon the blue guitar."

And they said then, "But play, you must,
A tune beyond us, yet ourselves,

A tune upon the blue guitar
Of things exactly as they are."

II

I cannot bring a world quite round,
Although I patch it as I can.

I sing a hero's head, large eye
And bearded bronze, but not a man,

Although I patch him as I can
And reach through him almost to man.

O homem do violão azul

I

Homem curvado sobre violão,
Como se fosse foice. Dia verde.

Disseram: "É azul teu violão,
Não tocas as coisas tais como são".

E o homem disse: "As coisas tais como são
Se modificam sobre o violão".

E eles disseram: "Toca uma canção
Que esteja além de nós, mas seja nós,

No violão azul, toca a canção
Das coisas justamente como são".

II

Não sei fechar um mundo bem redondo,
Ainda que o remende como sei.

Canto heróis de grandes olhos, barbas
De bronze, mas homem jamais cantei,

Ainda que o remende como sei
E quase chegue ao homem que não cantei.

*If to serenade almost to man
Is to miss, by that, things as they are,*

*Say that it is the serenade
Of a man that plays a blue guitar.*

III

*Ah, but to play man number one,
To drive the dagger in his heart,*

*To lay his brain upon the board
And pick the acrid colors out,*

*To nail his thought across the door,
Its wings spread wide to rain and snow,*

*To strike his living hi and ho,
To tick it, tock it, turn it true,*

*To bang it from a savage blue,
Jangling the metal of the strings…*

IV

*So that's life, then: things as they are?
It picks its way on the blue guitar.*

*A million people on one string?
And all their manner in the thing,*

Mas se cantar apenas quase ao homem
É não chegar às coisas como são,

Então que seja só a serenata
De homem que toca, azul, um violão.

III

Ah, poder tocar o homem primeiro,
Cravar o punhal no seu coração,

Abrir-lhe o cérebro sobre uma mesa,
E dele retirar as cores ácidas,

Pregar-lhe o pensamento sobre a porta,
De asas abertas para a neve e a chuva,

Atingir-lhe o la-ri-lá da vida,
Vará-lo, vazá-lo, virá-lo verdade,

Arrancá-lo de um azul selvagem,
Desafinando o metal das cordas...

IV

Então a vida é isto: as coisas como são?
Ela tateia sobre o violão.

Mas numa corda só, toda essa gente?
E tudo que eles são, tão totalmente,

And all their manner, right and wrong,
And all their manner, weak and strong?

The feelings crazily, craftily call,
Like a buzzing of flies in autumn air,

And that's life, then: things as they are,
This buzzing of the blue guitar.

V

Do not speak to us of the greatness of poetry,
Of the torches wisping in the underground,

Of the structure of vaults upon a point of light.
There are no shadows in our sun,

Day is desire and night is sleep.
There are no shadows anywhere.

The earth, for us, is flat and bare.
There are no shadows. Poetry

Exceeding music must take the place
Of empty heaven and its hymns,

Ourselves in poetry must take their place,
Even in the chattering of your guitar.

E tudo que eles são, o fraco e o forte,
E tudo que eles são, a vida e a morte?

E clamam os sentimentos, loucos, lúcidos,
Como um zunir de moscas no outono,

E a vida é isto: as coisas como são,
Este zunido azul do violão.

v

Não fales na grandeza da poesia,
Em tochas murmurantes subterrâneas,

Na estrutura das tumbas num ponto de luz.
Sombras não há em nosso sol,

Dia é desejo e noite é sono.
Sombras não há em parte alguma.

Pra nós, a terra é plana e nua.
Sombras não há. A poesia

Mais do que a música há de ocupar
O céu vazio sem salmodias;

Em nossa poesia o ocuparemos,
Nessa zoeira de teu violão.

VI

*A tune beyond us as we are,
Yet nothing changed by the blue guitar;*

*Ourselves in the tune as if in space,
Yet nothing changed, except the place*

*Of things as they are and only the place
As you play them, on the blue guitar,*

*Placed, so, beyond the compass of change,
Perceived in a final atmosphere;*

*For a moment final, in the way
The thinking of art seems final when*

*The thinking of god is smoky dew.
The tune is space. The blue guitar*

*Becomes the place of things as they are,
A composing of senses of the guitar.*

VII

*It is the sun that shares our works.
The moon shares nothing. It is a sea.*

*When shall I come to say of the sun,
It is a sea; it shares nothing;*

VI

Além de nós quais somos, a canção,
Mas nada mudados pelo violão;

Nós na canção como se nós no ar,
Mas nada mudado, fora o lugar

Das coisas como são, e só o lugar
Em que as tocas, no violão azul,

Fora do alcance de qualquer mudança,
Captadas numa atmosfera final;

Finais por um instante, como é final
Pensar na arte, quando pensar

Em deus é como orvalho enfumaçado.
A canção é espaço. O violão azul

Vira o lugar das coisas como são,
Conjugar dos sentidos do violão.

VII

É o sol que compartilha nossas obras.
A lua não partilha nada. É um mar.

Mas quando poderei dizer que o sol
É um mar, que nada compartilha;

*The sun no longer shares our works
And the earth is alive with creeping men,*

*Mechanical beetles never quite warm?
And shall I then stand in the sun, as now*

*I stand in the moon, and call it good,
The immaculate, the merciful good,*

*Detached from us, from things as they are?
Not to be part of the sun? To stand*

*Remote and call it merciful?
The strings are cold on the blue guitar.*

VIII

*The vivid, florid, turgid sky,
The drenching thunder rolling by,*

*The morning deluged still by night,
The clouds tumultuously bright*

*And the feeling heavy in cold chords
Struggling toward impassioned choirs,*

*Crying among the clouds, enraged
By gold antagonists in air —*

*I know my lazy, leaden twang
Is like the reason in a storm;*

Que o sol não mais partilha nossas obras
E na face da terra homens rastejam,

Besouros mecânicos, sempre com frio?
Será que então hei de pisar o sol,

Como ora piso a lua, e o chamarei
Imaculado bem, bem compassivo,

Alheio a nós, às coisas como são?
Não pertencer ao sol? Permanecer

Distante e chamá-lo compassivo?
Frias as cordas do violão azul.

VIII

O céu tão vivo, ornado e túmido,
Trovão que passa e explode, úmido,

Manhã pela noite ainda inundada,
Nuvens tumultuosamente iluminadas,

E a sensação de acordes fortes, frios,
Tentando formar corais viris,

Gritando entre as nuvens, com raiva
De antagonistas áureos no ar —

Meu dedilhar pesado e preguiçoso
É qual razão na tempestade, eu sei;

And yet it brings the storm to bear.
I twang it out and leave it there.

IX

And the color, the overcast blue
Of the air, in which the blue guitar

Is a form, described but difficult,
And I am merely a shadow hunched

Above the arrowy, still strings,
The maker of a thing yet to be made;

The color like a thought that grows
Out of a mood, the tragic robe

Of the actor, half his gesture, half
His speech, the dress of his meaning, silk

Sodden with his melancholy words,
The weather of his stage, himself.

X

Raise reddest columns. Toll a bell
And clap the hollows full of tin.

Throw papers in the streets, the wills
Of the dead, majestic in their seals.

Mas ele é que dá forma à tempestade.
Eu toco, e deixo à solta o que toquei.

IX

E a cor, o azul carregado do ar,
Dentro do qual o violão azul

É uma forma, descrita mas difícil,
E eu uma mera sombra recurvada

Sobre as cordas imóveis, como setas,
Criador de coisa ainda por criar;

A cor como uma ideia que se eleva
De um estado d'alma, túnica trágica

Do ator, que é meio gesto, meio fala,
Traje de seu significado, seda

Empapada de falas melancólicas,
Clima do palco onde ele está, e é.

X

Ergue colunas rubras. Tange sinos,
Faz ressoar os ocos dessa lata.

Joga papel nas ruas, testamento
Dos mortos, majestosos nas efígies.

And the beautiful trombones — behold
The approach of him whom none believes,

Whom all believe that all believe,
A pagan in a varnished car.

Roll a drum upon the blue guitar.
Lean from the steeple. Cry aloud,

"Here am I, my adversary, that
Confront you, hoo-ing the slick trombones,

Yet with a petty misery
At heart, a petty misery,

Ever the prelude to your end,
The touch that topples men and rock."

XI

Slowly the ivy on the stones
Becomes the stones. Women become

The cities, children become the fields
And men in waves become the sea.

It is the chord that falsifies.
The sea returns upon the men,

The fields entrap the children, brick
Is a weed and all the flies are caught,

E esses trombones tão bonitos — vê,
Eis que vem aquele em que ninguém crê,

E todo mundo crê que todos creem,
Esse pagão em carro envernizado.

Rufa um tambor no violão azul.
Sobe na torre. Lá, grita bem alto:

"Eis-me aqui, adversário, desafiando
A ti e teus bombásticos trombones,

Porém com uma tristeza tão mesquinha
No peito, uma tristeza tão mesquinha,

Prelúdio interminável do teu fim,
O toque que derruba gente e rocha".

XI

Pouco a pouco, a hera sobre as pedras
Transforma-se nas pedras. As mulheres

Viram cidades, e as crianças, campos,
E os homens em ondas viram mar.

É o acorde que tudo falseia.
O mar se volta contra os homens,

Os campos prendem as crianças, tijolo
Vira erva e prende as moscas todas,

Wingless and withered, but living alive.
The discord merely magnifies.

Deeper within the belly's dark
Of time, time grows upon the rock.

XII

Tom-tom, c'est moi. *The blue guitar*
And I are one. The orchestra

Fills the high hall with shuffling men
High as the hall. The whirling noise

Of a multitude dwindles, all said,
To his breath that lies awake at night.

I know that timid breathing. Where
Do I begin and end? And where,

As I strum the thing, do I pick up
That which momentously declares

Itself not to be I and yet
Must be. It could be nothing else.

XIII

The pale intrusions into blue
Are corrupting pallors... ay di mi,

Secas, sem asas, mas vivendo vivas.
A dissonância apenas amplifica.

No mais fundo da escuridão do ventre
Do tempo, o tempo cresce sobre a pedra.

XII

Tom-tom, *c'est moi*. O violão azul
E eu somos um só. A orquestra enche

O salão alto de homens que dançam,
Altos como o salão. E o alvoroço

Da multidão que gira se resume,
Enfim, ao respirar de alguém insone.

Conheço esse respiro tímido. Onde
Começo eu, onde termino? E onde,

Enquanto tanjo a coisa, hei de pegar
Aquilo que declara, alto e bom som,

Não ser eu e que no entanto tem
De ser. Não poderia ser mais nada.

XIII

A intrusão do pálido no azul
É palor de corrupção... *ay di mi*,

Blue buds or pitchy blooms. Be content —
Expansions, diffusions — content to be

The unspotted imbecile revery,
The heraldic center of the world

Of blue, blue sleek with a hundred chins,
The amorist Adjective aflame…

XIV

First one beam, then another, then
A thousand are radiant in the sky.

Each is both star and orb; and day
Is the riches of their atmosphere.

The sea appends its tattery hues.
The shores are banks of muffling mist.

One says a German chandelier —
A candle is enough to light the world.

It makes it clear. Even at noon
It glistens in essential dark.

At night, it lights the fruit and wine,
The book and bread, things as they are,

In a chiaroscuro where
One sits and plays the blue guitar.

Botões azuis ou flores breu. Contentem-se —
Expansões, difusões — em ser apenas

A imaculada e estúpida quimera,
O centro heráldico do mundo azul,

Azul pomposo, azul de queixos tantos,
Erótico Adjetivo ardendo em chamas...

XIV

Um feixe de luz, outro depois,
E então mil deles a luzir no céu.

E cada um é estrela e orbe; e o dia
É o tesouro da sua atmosfera.

O mar acresce uns tons esfarrapados.
As praias são só névoa camuflante.

Basta, dizem, um candelabro alemão —
Basta uma vela pra iluminar o mundo.

Torná-lo claro. Mesmo ao meio-dia
Ela brilha na treva essencial.

À noite, ela ilumina o vinho e as frutas,
O livro e o pão, as coisas como são,

Num claro-escuro onde, sentado, azul,
Alguém empunha e toca o violão.

XV

Is this picture of Picasso's, this "hoard
Of destructions," a picture of ourselves,

Now, an image of our society?
Do I sit, deformed, a naked egg,

Catching at Good-bye, harvest moon,
Without seeing the harvest or the moon?

Things as they are have been destroyed.
Have I? Am I a man that is dead

At a table on which the food is cold?
Is my thought a memory, not alive?

Is the spot on the floor, there, wine or blood
And whichever it may be, is it mine?

XVI

The earth is not earth but a stone,
Not the mother that held men as they fell

But stone, but like a stone, no: not
The mother, but an oppressor, but like

An oppressor that grudges them their death,
As it grudges the living that they live.

XV

Será esse quadro de Picasso, "acúmulo
De destruições", será retrato nosso,

Imagem atual de nossa sociedade?
Estarei lá, deformado, um ovo nu,

Cismado com Adeuses, como lua
Do outono, sem ver outono nem lua?

As coisas como são estão destruídas.
E eu? Serei um homem que está morto

Frente a uma mesa em que a comida é fria?
Meu pensamento é uma lembrança morta?

E a mancha ali no chão é vinho ou sangue,
E, seja lá o que for, é coisa minha?

XVI

A terra não é terra; é uma pedra,
Não mãe que sustinha o homem na queda

Mas pedra, mas como pedra, não: não
A mãe, e sim uma opressora, e uma

Opressora que lhes inveja a morte,
E dos vivos inveja a própria vida.

To live in war, to live at war,
To chop the sullen psaltery,

To improve the sewers in Jerusalem,
To electrify the nimbuses —

Place honey on the altars and die,
You lovers that are bitter at heart.

XVII

The person has a mould. But not
Its animal. The angelic ones

Speak of the soul, the mind. It is
An animal. The blue guitar —

On that its claws propound, its fangs
Articulate its desert days.

The blue guitar a mould? That shell?
Well, after all, the north wind blows

A horn, on which its victory
Is a worm composing on a straw.

XVIII

A dream (to call it a dream) in which
I can believe, in face of the object,

Viver numa guerra, viver em guerra,
Quebrar o melancólico saltério,

Construir esgotos em Jerusalém,
Eletrificar os cúmulos-nimbos —

Deitai mel nos altares e morrei,
Ó amantes de coração amargo.

XVII

A pessoa tem um molde. Mas não
O seu animal. Os angelicais

Falam da alma, da mente. É
Um animal. O violão azul —

Nele suas garras propõem, suas presas
Articulam os seus dias desertos.

O violão azul, um molde? Essa casca?
Bem, afinal, o vento boreal

Toca um clarim, no qual sua vitória
É um verme compondo numa palha.

XVIII

Um sonho (chamemo-lo sonho) em que
Eu acredite, não obstante o objeto,

A dream no longer a dream, a thing,
Of things as they are, as the blue guitar

After long strumming on certain nights
Gives the touch of the senses, not of the hand,

But the very senses as they touch
The wind-gloss. Or as daylight comes,

Like light in a mirroring of cliffs,
Rising upward from a sea of ex.

XIX

That I may reduce the monster to
Myself, and then may be myself

In face of the monster, be more than part
Of it, more than the monstrous player of

One of its monstrous lutes, not be
Alone, but reduce the monster and be,

Two things, the two together as one,
And play of the monster and of myself,

Or better not of myself at all,
But of that as its intelligence,

Being the lion in the lute
Before the lion locked in stone.

Um sonho não mais sonho, uma coisa,
Das coisas como são, como o violão

Azul, sendo tocado em certas noites
Dá o toque dos sentidos, não da mão,

Mas dos próprios sentidos ao tocarem
A glosa do vento. Ou como o dia nasce,

Como luz no espelho dos rochedos,
A elevar-se sobre um mar de ex.

XIX

Poder eu reduzir o monstro a mim,
E ser então quem sou não obstante

O monstro, ser mais que parte dele,
Mais que o monstruoso músico que toca

Um de seus monstruosos alaúdes,
Não ser só, reduzir o monstro e ser,

Duas coisas, os dois juntos como um só,
E poder tocar do monstro e de mim,

Melhor ainda, não de mim, porém
Daquilo como sua inteligência,

Ser o leão dentro do alaúde
Ante o leão preso na pedra.

XX

What is there in life except one's ideas,
Good air, good friends, what is there in life?

Is it ideas that I believe?
Good air, my only friend, believe,

Believe would be a brother full
Of love, believe would be a friend,

Friendlier than my only friend,
Good air. Poor pale, poor pale guitar...

XXI

A substitute for all the gods:
This self, not that gold self aloft,

Alone, one's shadow magnified,
Lord of the body, looking down,

As now and called most high,
The shadow of Chocorua

In an immenser heaven, aloft,
Alone, lord of the land and lord

Of the men that live in the land, high lord.
One's self and the mountains of one's land,

XX

O que há na vida além da nossa ideia,
Ar bom, amigos bons, o que há na vida?

Será nas ideias que acredito?
Ar bom, único amigo, acreditar,

Acreditar seria um irmão querido,
Acreditar seria amigo, mais

Amigo que meu único amigo,
Ar bom. Pobre, pálido violão...

XXI

Substituto pra todos os deuses:
Este eu, não aquele outro, áureo e aéreo,

Só, nossa própria sombra amplificada,
Senhor do corpo, de olhar baixado,

Como agora, e chamado o mais excelso
Senhor, a sombra do Chocorua

Num céu ainda mais imenso, só,
Senhor da terra e senhor dos homens

Que habitam a terra, altíssimo senhor.
O eu e as montanhas dessa terra,

Without shadows, without magnificence,
The flesh, the bone, the dirt, the stone.

XXII

Poetry is the subject of the poem,
From this the poem issues and

To this returns. Between the two,
Between issue and return, there is

An absence in reality,
Things as they are. Or so we say.

But are these separate? Is it
An absence for the poem, which acquires

Its true appearances there, sun's green,
Cloud's red, earth feeling, sky that thinks?

From these it takes. Perhaps it gives,
In the universal intercourse.

XXIII

A few final solutions, like a duet
With the undertaker: a voice in the clouds,

Another on earth, the one a voice
Of ether, the other smelling of drink,

Sem sombras e sem magnificência,
A carne, o osso, o pó, a pedra, só.

XXII

A poesia é o assunto do poema,
Daí parte o poema, e aí

Ele retorna. E entre os dois, entre
A partida e o retorno, existe

Uma ausência na realidade,
As coisas como são. Segundo cremos.

Mas estarão de fato separados?
Será ausência pro poema, que toma

Suas veras aparências lá, verde-sol,
Rubro-nuvem, senso-terra, céu pensante?

Disso é que toma. Ou dá, talvez,
Nesse intercurso universal.

XXIII

Umas soluções finais, como um dueto
Com o coveiro: uma voz nas nuvens,

Outra na terra, uma voz de éter
E outra voz cheirando a bebida,

The voice of ether prevailing, the swell
Of the undertaker's song in the snow

Apostrophizing wreaths, the voice
In the clouds serene and final, next

The grunted breath serene and final,
The imagined and the real, thought

And the truth, Dichtung und Wahrheit, *all*
Confusion solved, as in a refrain

One keeps on playing year by year,
Concerning the nature of things as they are.

XXIV

A poem like a missal found
In the mud, a missal for that young man,

That scholar hungriest for that book,
The very book, or, less, a page

Or, at the least, a phrase, that phrase,
A hawk of life, that latined phrase:

To know; a missal for brooding-sight.
To meet that hawk's eye and to flinch

Not at the eye but at the joy of it.
I play. But this is what I think.

Predominando a voz do éter, o som
Do canto do coveiro sobre a neve

Apostrofando coroas de cravos,
A voz das nuvens serena e final,

E então o estertor sereno e final,
O imaginado e o real, ideia

E verdade, *Dichtung und Wahrheit*, toda
Dúvida dissipada, qual refrão

Que se repete ano após ano, um refrão
Sobre a natureza das coisas como são.

XXIV

Um poema como um missal achado
Na lama, um missal para esse moço,

O estudante que mais arde por aquele
Livro exato, ou menos, uma página,

Ou ao menos uma frase, aquela frase,
Gavião de vida, a frase latinada:

Saber; missal pra ruminar. Olhar
Nos olhos do gavião e recuar

Não do olho, mas do prazer de vê-lo.
Eu toco. Mas isso é o que eu penso.

XXV

He held the world upon his nose
And this-a-way he gave a fling.

His robes and symbols, ai-yi-yi —
And that-a-way he twirled the thing.

Sombre as fir-trees, liquid cats
Moved in the grass without a sound.

They did not know the grass went round.
The cats had cats and the grass turned gray

And the world had worlds, ai, this-a-way:
The grass turned green and the grass turned gray.

And the nose is eternal, that-a-way.
Things as they were, things as they are,

Things as they will be by and by...
A fat thumb beats out ai-yi-yi.

XXVI

The world washed in his imagination,
The world was a shore, whether sound or form

Or light, the relic of farewells,
Rock, of valedictory echoings,

XXV

Ergueu o mundo até o nariz
E deu-lhe um peteleco, plim.

Com toga e signos, ai-ai-ai —
E foi um piparote assim.

Gatos líquidos, graves qual pinheiros,
Moviam-se na grama, silenciosos.

Não sabiam que a grama dava a volta. Os gatos
Tiveram gatos, e a grama ficou gris

E o mundo teve mundos, ai, assim:
A grama ficou verde e ficou gris.

E o nariz é eterno, assim-assim.
As coisas como eram, como são

E hão de ser, tal como tudo vai...
Um dedo sem jeito batuca ai-ai-ai.

XXVI

O mundo foi dar em sua imaginação,
O mundo era uma praia, som ou forma

Ou luz, relíquia dos adeuses,
Rocha, de adeuses ecoando,

To which his imagination returned,
From which it sped, a bar in space,

Sand heaped in the clouds, giant that fought
Against the murderous alphabet:

The swarm of thoughts, the swarm of dreams
Of inaccessible Utopia.

A mountainous music always seemed
To be falling and to be passing away.

XXVII

It is the sea that whitens the roof.
The sea drifts through the winter air.

It is the sea that the north wind makes.
The sea is in the falling snow.

This gloom is the darkness of the sea.
Geographers and philosophers,

Regard. But for that salty cup,
But for the icicles on the eaves —

The sea is a form of ridicule.
The iceberg settings satirize

The demon that cannot be himself,
That tours to shift the shifting scene.

À qual voltava sua imaginação,
Da qual fugia, banco no espaço, areia

Amontoada nas nuvens, gigante
Que combateu o alfabeto assassino:

Enxame de ideias, enxame de sonhos
Da inaccessível Utopia.

Melodia montesa parecia
Cair e estar morrendo o tempo todo.

XXVII

É o mar que embranquece o telhado.
O mar impregna o ar hibernal.

É o mar que o vento boreal faz.
O mar está na neve que cai.

Esta treva é a escuridão do mar.
Ó geógrafos e filósofos,

Olhai. Não fosse esta taça de sal,
Não fossem estes sincelos nos beirais —

O mar é uma espécie de sátira.
Os cenários de iceberg parodiam

O demônio que não pode ser quem é,
Que quer mudar a cena já mutável.

XXVIII

I am a native in this world
And think in it as a native thinks,

Gesu, not native of a mind
Thinking the thoughts I call my own,

Native, a native in the world
And like a native think in it.

It could not be a mind, the wave
In which the watery grasses flow

And yet are fixed as a photograph,
The wind in which the dead leaves blow.

Here I inhale profounder strength
And as I am, I speak and move

And things are as I think they are
And say they are on the blue guitar.

XXIX

In the cathedral, I sat there, and read,
Alone, a lean Review and said,

"These degustations in the vaults
Oppose the past and the festival,

XXVIII

Sou um nativo desse mundo, e nele
Penso tal como pensam os nativos,

Gesu, não nativo de uma mente
Com ideias que tenho por minhas,

Nativo, um nativo desse mundo,
Como nativo nesse mundo penso.

Não poderia ser mente, a onda
Onde algas se agitam, porém

Imóveis feito uma fotografia,
O vento que carrega as folhas mortas.

Aqui inspiro força mais profunda
E como sou, eu falo e ando, e as coisas

São como penso e digo que elas são
Ao dedilhar, azul, o violão.

XXIX

Na catedral, sentado, a sós,
Eu lia uma Revista magra, e disse:

"Essas degustações nos templos
Opõem o passado ao festival,

What is beyond the cathedral, outside,
Balances with nuptial song.

So it is to sit and to balance things
To and to and to the point of still,

To say of one mask it is like,
To say of another it is like,

To know that the balance does not quite rest,
That the mask is strange, however like."

The shapes are wrong and the sounds are false.
The bells are the bellowing of bulls.

Yet Franciscan don was never more
Himself than in this fertile glass.

XXX

From this I shall evolve a man.
This is his essence: the old fantoche

Hanging his shawl upon the wind,
Like something on the stage, puffed out,

His strutting studied through centuries.
At last, in spite of his manner, his eye

A-cock at the cross-piece on a pole
Supporting heavy cables, slung

O que está além da catedral, lá fora,
Equilibra a canção nupcial.

Assim é, ficar-se a equilibrar as coisas
Até e até e até o ponto imóvel,

Dizer que uma máscara parece,
Dizer que outra máscara parece,

Saber que o equilíbrio não é total,
Que é estranha a máscara, ainda que igual".

As formas estão erradas, e os sons falsos.
Os sinos são touros a urrar.

Mas nunca franciscano foi tão ele-
-Mesmo quanto nesse espelho fecundo.

xxx

Disto hei de elaborar um homem.
Esta é sua essência: velho fantoche

De xale pendurado no vento,
Como uma coisa num palco, inchado,

Com garbo cuidadoso e secular.
Por fim, apesar da pose, seu olho

Torto cravado no alto de um poste
Onde pousam grossos cabos que cruzam

Through Oxidia, banal suburb,
One-half of all its installments paid.

Dew-dapper clapper-traps, blazing
From crusty stacks above machines.

Ecce, Oxidia is the seed
Dropped out of this amber-ember pod,

Oxidia is the soot of fire,
Oxidia is Olympia.

XXXI

How long and late the pheasant sleeps...
The employer and employee contend,

Combat, compose their droll affair.
The bubbling sun will bubble up,

Spring sparkle and the cock-bird shriek.
The employer and employee will hear

And continue their affair. The shriek
Will rack the thickets. There is no place,

Here, for the lark fixed in the mind,
In the museum of the sky. The cock

Will claw sleep. Morning is not sun,
It is this posture of the nerves,

Oxídia, este banal subúrbio,
Metade das prestações já pagas.

Tampas de chaminés estalam, ardem
No meio da fumaça sobre as máquinas.

Ecce, Oxídia é a semente
Lançada dessa vagem de âmbar brasa,

Oxídia é a fuligem de fogo,
Oxídia é Olímpia.

XXXI

Como dorme, e quanto, o faisão...
Patrão e empregado discutem,

Disputam, e assim compõem a brincadeira.
O sol, como uma bolha, vem subindo,

A primavera brilha e o galo grita.
Patrão e empregado ouvem tudo

E continuam a brincadeira. O grito
Ressoa em toda a selva. Não há lugar,

Aqui, para a cotovia fixa
Na mente, no museu do céu. O galo

Crava as garras no sono. Manhã
Não é sol, e sim esse jeito de nervos,

As if a blunted player clutched
The nuances of the blue guitar.

It must be this rhapsody or none,
The rhapsody of things as they are.

XXXII

Throw away the lights, the definitions,
And say of what you see in the dark

That it is this or that it is that,
But do not use the rotted names.

How should you walk in that space and know
Nothing of the madness of space,

Nothing of its jocular procreations?
Throw the lights away. Nothing must stand

Between you and the shapes you take
When the crust of shape has been destroyed.

You as you are? You are yourself.
The blue guitar surprises you.

XXXIII

That generation's dream, aviled
In the mud, in Monday's dirty light,

Como se um músico embotado agarrasse
As nuanças do violão azul.

É esta a rapsódia, ou nada, então,
A rapsódia das coisas como são.

XXXII

Joga ao lixo as luzes, as definições.
E dize o que vês na escuridão,

Dize que é isso ou é aquilo, mas
Não utilizes nomes putrefatos.

Caminhas então por esse espaço
E nada sabes da loucura do espaço,

Das suas jocosas procriações?
Ao lixo as luzes. Nada se interponha

Entre ti e as formas que assumes
Quando a casca da forma é destruída.

Tu tal como és? Tu és quem és.
O violão azul te surpreende.

XXXIII

O sonho dessa geração, poluto,
Na lama suja da segunda-feira,

That's it, the only dream they knew,
Time in its final block, not time

To come, a wrangling of two dreams.
Here is the bread of time to come,

Here is its actual stone. The bread
Will be our bread, the stone will be

Our bed and we shall sleep by night.
We shall forget by day, except

The moments when we choose to play
The imagined pine, the imagined jay.

E era o sonho único que tinham,
O tempo esgotado, não o tempo

Ainda por vir, conflito de dois sonhos.
Eis o pão do tempo ainda por vir,

Eis sua pedra real. O pão será
Nosso alimento, a pedra será

Nosso leito, e à noite dormiremos.
De dia, esqueceremos, salvo

Quando quisermos tocar a toada
Da árvore, da ave imaginada.

DE *PARTS OF A WORLD*

The Poems of Our Climate

I

Clear water in a brilliant bowl,
Pink and white carnations. The light
In the room more like a snowy air,
Reflecting snow. A newly-fallen snow
At the end of winter when afternoons return.
Pink and white carnations — one desires
So much more than that. The day itself
Is simplified: a bowl of white,
Cold, a cold porcelain, low and round,
With nothing more than the carnations there.

II

Say even that this complete simplicity
Stripped one of all one's torments, concealed
The evilly compounded, vital I
And made it fresh in a world of white,
A world of clear water, brilliant-edged,
Still one would want more, one would need more,
More than a world of white and snowy scents.

Os poemas de nosso clima

I

Água clara num jarro brilhante,
Cravos brancos e rosados. A luz
Na sala é como ar de neve,
Refletindo neve recém-caída,
Neve de fim de inverno, quando as tardes voltam.
Cravos brancos e rosados — porém se quer
Mais, muito mais que isso. O próprio dia
Simplificou-se: um jarro branco e frio
De porcelana fria, redondo e baixo,
Contendo cravos só, e nada mais.

II

Mesmo que esta simplicidade completa
Pudesse afastar todo tormento, ocultar
Esse composto perverso e vital, o eu,
Fizesse dele coisa nova num mundo
De água clara, branco e nítido, ainda assim
Seria preferível, necessário, mais,
Mais que um mundo de neve e cheiros brancos.

III

There would still remain the never-resting mind,
So that one would want to escape, come back
To what had been so long composed.
The imperfect is our paradise.
Note that, in this bitterness, delight,
Since the imperfect is so hot in us,
Lies in flawed words and stubborn sounds.

III

Haveria ainda a consciência inquieta:
Daí a vontade de fugir, voltar
Ao que há tanto tempo foi composto.
A imperfeição é nosso paraíso.
E nesse travo amargo, o prazer,
Já que o imperfeito arde tanto em nós,
Está nas palavras falhas, obstinadas.

Study of Two Pears

I

Opusculum paedagogum.
The pears are not viols,
Nudes or bottles.
They resemble nothing else.

II

They are yellow forms
Composed of curves
Bulging toward the base.
They are touched red.

III

They are not flat surfaces
Having curved outlines.
They are round
Tapering toward the top.

IV

In the way they are modelled
There are bits of blue.

Estudo de duas peras

I

Opusculum paedagogum.
As peras não são violas,
Nem nus, nem garrafas.
Não se assemelham a mais nada.

II

São formas amarelas
Compostas de curvas
Abauladas na base.
Têm um toque de vermelho.

III

Não são superfícies planas
De contornos curvos.
São redondas,
Afiladas no alto.

IV

São modeladas de modo
A terem traços de azul.

A hard dry leaf hangs
From the stem.

V

The yellow glistens.
It glistens with various yellows,
Citrons, oranges and greens
Flowering over the skin.

VI

The shadows of the pears
Are blobs on the green cloth.
The pears are not seen
As the observer wills.

Uma folha dura e seca
Pende do pecíolo.

V

O amarelo brilha.
Um brilho de vários amarelos,
Alaranjados e verdes
A florescer na casca.

VI

As sombras das peras são manchas
Amorfas na toalha verde.
As peras não são vistas
À vontade de quem vê.

Cuisine bourgeoise

These days of disinheritance, we feast
On human heads. True, birds rebuild
Old nests and there is blue in the woods.
The church bells clap one night in the week,
But that's all done. It is what used to be,
As they used to lie in the grass, in the heat,
Men on green beds and women half of sun.
The words are written, though not yet said.

It is like the season when, after summer,
It is summer and it is not, it is autumn
And it is not, it is day and it is not,
As if last night's lamps continued to burn,
As if yesterday's people continued to watch
The sky, half porcelain, preferring that
To shaking out heavy bodies in the glares
Of this present, this science, this unrecognized,

This outpost, this douce, this dumb, this dead, in which
We feast on human heads, brought in on leaves,
Crowned with the first, cold buds. On these we live,
No longer on the ancient cake of seed,
The almond and deep fruit. This bitter meat
Sustains us...Who then, are they, seated here?
Is the table a mirror in which they sit and look?
Are they men eating reflections of themselves?

Cuisine bourgeoise

Nestes tempos magros, banqueteamo-nos
Com cabeças humanas. As aves, é certo,
Refazem velhos ninhos, e há azul nas matas.
Os sinos da igreja batem uma noite por semana.
Mas tudo isso terminou. É só o que era,
No tempo em que se deitavam na grama, no calor,
Homens em camas verdes, mulheres meio sol.
As palavras estão escritas, mas ainda por dizer.

É como aqueles dias pós-verão,
Em que é verão e não é mais, é outono
Mas não é, em que é dia e não é dia,
Como se as luzes de ontem à noite ainda ardessem,
Como se a gente de ontem ainda contemplasse
O céu meio de porcelana, preferindo isso
A despertar corpos pesados no clarão
Do presente, esta ciência, este denegado,

Este posto avançado, doce, mudo, morto, em que
Nos banqueteamos com cabeças humanas, servidas
Em folhas, coroadas com flores em botão.
É o que comemos, não mais o velho bolo de cominho,
Amêndoa e fruta funda. Esta carne amarga
Nos sustém… Mas quem serão estes homens?
Será a mesa um espelho em que, sentados, se olham?
Estarão comendo imagens de si próprios?

Of Modern Poetry

*The poem of the mind in the act of finding
What will suffice. It has not always had
To find: the scene was set; it repeated what
Was in the script.
                        Then the theatre was changed
To something else. Its past was a souvenir.
It has to be living, to learn the speech of the place.
It has to face the men of the time and to meet
The women of the time. It has to think about war
And it has to find what will suffice. It has
To construct a new stage. It has to be on that stage
And, like an insatiable actor, slowly and
With meditation, speak words that in the ear,
In the delicatest ear of the mind, repeat,
Exactly, that which it wants to hear, at the sound
Of which, an invisible audience listens,
Not to the play, but to itself, expressed
In an emotion as of two people, as of two
Emotions becoming one. The actor is
A metaphysician in the dark, twanging
An instrument, twanging a wiry string that gives
Sounds passing through sudden rightnesses, wholly
Containing the mind, below which it cannot descend,
Beyond which it has no will to rise.
                                            It must
Be the finding of a satisfaction, and may
Be of a man skating, a woman dancing, a woman
Combing. The poem of the act of the mind.*

Da poesia moderna

O poema da mente no ato de encontrar
O que há de bastar. Nem sempre foi preciso
Procurar: o palco estava pronto, era só repetir
O roteiro.
          Então o teatro transformou-se
Em outra coisa. Seu passado era um suvenir.
Tem que estar vivo, aprender a fala do lugar.
Tem que encarar os homens desse tempo e buscar
As mulheres desse tempo. Tem que pensar na guerra
E achar o que há de bastar. Tem que construir
Um palco novo. Tem que subir nesse palco
E, como um ator insaciável, lentamente e
Com meditação, falar ao pé do ouvido,
No mais sutil ouvido da mente, repetir,
Exatamente, o que ele quer ouvir, ao som
Do qual uma plateia invisível escuta
Não a peça, e sim ela própria, expressa
Numa emoção como de duas pessoas, duas
Emoções virando uma só. O ator
É um metafísico no escuro, tangendo
Um instrumento, uma corda metálica que gera
Sons que trespassam súbitas certezas, contendo
A mente toda, aquém da qual descer não pode,
Além da qual não quer subir.
                            Tem que ser
A descoberta da satisfação, talvez
Um homem patinando, uma mulher que dança ou
Se penteia. O poema do ato da mente.

DE *TRANSPORT TO SUMMER*

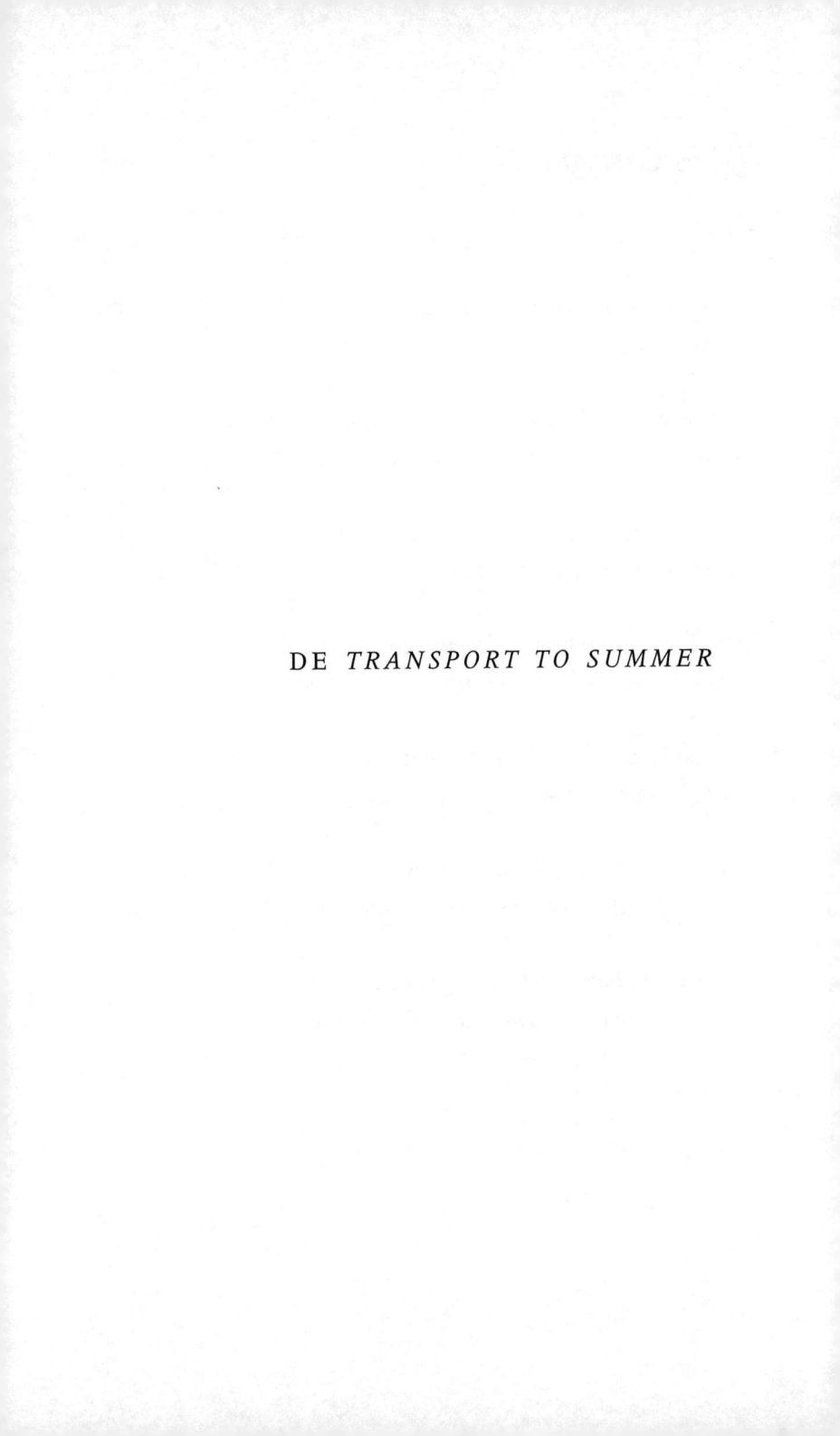

Man Carrying Thing

The poem must resist the intelligence
Almost successfully. Illustration:

A brune figure in winter evening resists
Identity. The thing he carries resists

The most necessitous sense. Accept them, then,
As secondary (parts not quite perceived

Of the obvious whole, uncertain particles
Of the certain solid, the primary free from doubt,

Things floating like the first hundred flakes of snow
Out of a storm we must endure all night,

Out of a storm of secondary things),
A horror of thoughts that suddenly are real.

We must endure our thoughts all night, until
The bright obvious stands motionless in cold.

Homem carregando coisa

O poema tem que resistir à inteligência
Até quase conseguir. Exemplo:

Vulto pardo em tarde de inverno resiste
À identidade. O que ele carrega resiste

Ao sentido mais premente. Aceite-os, pois,
Como secundários (partes semipercebidas

Do todo óbvio, partículas incertas
Do sólido certo, primário indubitável,

Coisas a flutuar como os cem primeiros flocos
Da nevasca que há que suportar a noite inteira,

De uma tormenta de coisas secundárias),
Horror de pensamentos súbito reais.

Temos que suportá-los a noite inteira, até
Que o claro óbvio se mostre, imóvel, no frio.

The House Was Quiet and the World Was Calm

The house was quiet and the world was calm.
The reader became the book; and summer night

Was like the conscious being of the book.
The house was quiet and the world was calm.

The words were spoken as if there was no book,
Except that the reader leaned above the page,

Wanted to lean, wanted much most to be
The scholar to whom his book is true, to whom

The summer night is like a perfection of thought.
The house was quiet because it had to be.

The quiet was part of the meaning, part of the mind:
The access of perfection to the page.

And the world was calm. The truth in a calm world,
In which there is no other meaning, itself

Is calm, itself is summer and night, itself
Is the reader leaning late and reading there.

A casa estava quieta e o mundo calmo

A casa estava quieta e o mundo calmo.
Leitor tornou-se livro, e a noite de verão

Era como o ser consciente do livro.
A casa estava quieta e o mundo calmo.

Palavras eram ditas como se livro não houvesse,
Só que o leitor debruçado sobre a página

Queria debruçar-se, queria mais que muito ser
O sábio para quem o livro é verdadeiro

E a noite de verão é como perfeição da mente.
A casa estava quieta porque tinha de estar.

Estar quieta era parte do sentido e da mente:
Acesso da perfeição à página.

E o mundo estava calmo. Em mundo calmo,
Em que não há outro sentido, a verdade

É calma, é verão e é noite, a verdade
É o leitor insone debruçado a ler.

The Good Man Has No Shape

Through centuries he lived in poverty.
God only was his only elegance.

Then generation by generation he grew
Stronger and freer, a little better off.

He lived each life because, if it was bad,
He said a good life would be possible.

At last the good life came, good sleep, bright fruit,
And Lazarus betrayed him to the rest,

Who killed him, sticking feathers in his flesh
To mock him. They placed with him in his grave

Sour wine to warn him, an empty book to read;
And over it they set a jagged sign,

Epitaphium to his death, which read,
The Good Man Has No Shape, as if they knew.

O homem bom não tem forma

Viveu por séculos na pobreza.
Só Deus era sua única elegância.

Então foi se tornando a cada geração
Mais forte e livre, e um pouco mais próspero.

Vivia cada vida, ainda que má,
Porque, dizia, a vida boa era possível.

E veio enfim a vida boa, sono e fruta,
E Lázaro o delatou aos outros,

Que o mataram, cravando-lhe penas na carne
Por escárnio. Em seu túmulo puseram

Vinho azedo, como advertência, e um livro em branco
Para ler; por cima, uma placa quebrada,

Com o epitáfio de sua morte: O Homem
Bom Não Tem Forma, como se soubessem.

Notes Toward a Supreme Fiction

To Henry Church

And for what, except for you, do I feel love?
Do I press the extremest book of the wisest man
Close to me, hidden in me day and night?
In the uncertain light of single, certain truth,
Equal in living changingness to the light
In which I meet you, in which we sit at rest,
For a moment in the central of our being,
The vivid transparence that you bring is peace.

IT MUST BE ABSTRACT

I

Begin, ephebe, by perceiving the idea
Of this invention, this invented world,
The inconceivable idea of the sun.

You must become an ignorant man again
And see the sun again with an ignorant eye
And see it clearly in the idea of it.

Never suppose an inventing mind as source
Of this idea nor for that mind compose
A voluminous master folded in his fire.

Apontamentos para uma ficção suprema

Para Henry Church

E a quê, senão a ti, tenho eu amor?
Acaso aperto contra o peito o livro extremo
Do autor mais sábio, e dia e noite o escondo em mim?
Na luz incerta da verdade una e certa,
Tão vivo, tão mutável quanto a luz
Em que te encontro, em que juntos descansamos,
Por um momento no central de nosso ser,
A transparência viva que trazes é a paz.

DEVE SER ABSTRATA

I

Começa, efebo, percebendo a ideia
Desta invenção, deste mundo inventado,
A noção inconcebível de sol.

Tens de voltar a ser ignorante
E ver com olho ignorante o sol
E vê-lo com clareza em sua ideia.

Jamais suponhas uma mente inventiva
Como fonte da ideia, nem cries pra ela
Um senhor volumoso envolto em fogo.

How clean the sun when seen in its idea,
Washed in the remotest cleanliness of a heaven
That has expelled us and our images...

The death of one god is the death of all.
Let purple Phoebus lie in umber harvest,
Let Phoebus slumber and die in autumn umber,

Phoebus is dead, ephebe. But Phoebus was
A name for something that never could be named.
There was a project for the sun and is.

There is a project for the sun. The sun
Must bear no name, gold flourisher, but be
In the difficulty of what it is to be.

II

It is the celestial ennui of apartments
That sends us back to the first idea, the quick
Of this invention; and yet so poisonous

Are the ravishments of truth, so fatal to
The truth itself, the first idea becomes
The hermit in a poet's metaphors,

Who comes and goes and comes and goes all day.
May there be an ennui of the first idea?
What else, prodigious scholar, should there be?

Que limpo é o sol, se visto em sua ideia,
Lavado na limpeza mais remota
De um céu que nos baniu e a nossas imagens...

Se morre um deus, os deuses todos morrem.
Que Febo jaza na colheita umbrosa,
Que durma e morra no umbroso outono,

Febo morreu, efebo. Porém Febo
Era nome de algo inominável.
Havia um projeto de sol, e há.

Há um projeto de sol. Não pede o sol,
Que ostenta ouro, um nome, e sim ser
Na dificuldade plena do que é ser.

II

É o tédio celeste dos apartamentos
Que nos devolve à ideia primeira, o âmago
Dessa invenção; porém são venenosos

Os enlevos da verdade, tão fatais
À própria verdade, que a ideia primeira
Vira o eremita em metáfora de poeta,

Que vem e vai e vem e vai o dia todo.
Quem sabe existe um tédio da ideia primeira?
Que mais, pupilo prodigioso, haveria?

The monastic man is an artist. The philosopher
Appoints man's place in music, say, today.
But the priest desires. The philosopher desires.

And not to have is the beginning of desire.
To have what is not is its ancient cycle.
It is desire at the end of winter, when

It observes the effortless weather turning blue
And sees the myosotis on its bush.
Being virile, it hears the calendar hymn.

It knows that what it has is what is not
And throws it away like a thing of another time,
As morning throws off stale moonlight and shabby sleep.

III

The poem refreshes life so that we share,
For a moment, the first idea… It satisfies
Belief in an immaculate beginning

And sends us, winged by an unconscious will,
To an immaculate end. We move between these points:
From that ever-early candor to its late plural

And the candor of them is the strong exhilaration
Of what we feel from what we think, of thought
Beating in the heart, as if blood newly came,

O monge é artista. O pensador mostra o lugar
Do homem na música, digamos, hoje.
Mas o monge deseja. O pensador deseja.

E não ter é o princípio do desejo.
Ter o que não é, é seu ciclo antiquíssimo.
É desejo ao fim do inverno, ao contemplar

O céu a se azular tão sem esforço,
Ao ver o miosótis no arbusto.
Viril, ele ouve o canto do calendário.

Sabe que o que tem é o que não é
E o joga fora como coisa obsoleta, como
O dia faz com luar rançoso e sono roto.

III

O poema vivifica a vida, e nos permite
Por um momento ter a ideia primeira...
Satisfaz a fé num princípio imaculado,

E, movidos por vontade inconsciente,
Nos leva a um fim imaculado. Entre candor
Sempre novo e seu plural tardio vagamos

E o seu candor é a animação profunda
Do que sentimos daquilo que pensamos
No coração, como se sangue novo,

An elixir, an excitation, a pure power.
The poem, through candor, brings back a power again
That gives a candid kind to everything.

We say: At night an Arabian in my room,
With his damned hoobla-hoobla-hoobla-how,
Inscribes a primitive astronomy

Across the unscrawled fores the future casts
And throws his stars around the floor. By day
The wood-dove used to chant his hoobla-hoo

And still the grossest iridescence of ocean
Howls hoo and rises and howls hoo and falls.
Life's nonsense pierces us with strange relation.

IV

The first idea was not our own. Adam
In Eden was the father of Descartes
And Eve made air the mirror of herself,

Of her sons and of her daughters. They found themselves
In heaven as in a glass; a second earth;
And in the earth itself they found a green —

The inhabitants of a very varnished green.
But the first idea was not to shape the clouds
In imitation. The clouds preceded us

Elixir, excitamento, força pura.
Via candor, o poema traz de volta
Uma força que a tudo torna cândido.

Dizemos: à noite, um árabe em meu quarto
Com seu insuportável blá-blu-blá
Inscreve primitiva astronomia

Nos traços não traçados do futuro
E espalha suas estrelas pelo chão.
De dia a pomba canta seu blu-blá

E a mais grosseira iridescência do oceano
Faz uu e sobe e uu e cai. O absurdo
Da vida com estranha relação nos punge.

IV

A ideia primeira não foi nossa. Adão
No Éden foi pai de Descartes, e Eva
Fez do ar um espelho de si própria,

E de seus filhos e filhas. Viviam
No céu como num espelho; uma terra segunda;
E encontraram uma terra verdejante —

Habitantes de um verde envernizado.
Mas a primeira ideia não era dar às nuvens
Forma de imitação: nos precederam, as nuvens;

There was a muddy centre before we breathed.
There was a myth before the myth began,
Venerable and articulate and complete.

From this the poem springs: that we live in a place
That is not our own and, much more, not ourselves
And hard it is in spite of blazoned days.

We are the mimics. Clouds are pedagogues
The air is not a mirror but bare board,
Coulisse bright-dark, tragic chiaroscuro

And comic color of the rose, in which
Abysmal instruments make sounds like pips
Of the sweeping meanings that we add to them.

V

The lion roars at the enraging desert,
Reddens the sand with his red-colored noise,
Defies red emptiness to evolve his match,

Master by foot and jaws and by the mane,
Most supple challenger. The elephant
Breaches the darkness of Ceylon with blares,

The glitter-goes on surfaces of tanks,
Shattering velvetest far-away. The bear,
The ponderous cinnamon, snarls in his mountain

Havia um centro enlameado antes de nós.
Antes de haver o mito, havia um mito,
Venerando e estruturado e completo.

Daí nasce o poema: de vivermos
Em lugar que não é nosso, e não é nós,
E é duro, dias d'ouro não obstante.

Somos mímicos; as nuvens, pedagogos.
O ar não é espelho, é tábua rasa,
Cenário trágico de claro-escuro,

Comédia cor-de-rosa, em que um instrumento
Abissal reduz a pios o conteúdo
Grandiloquente que lhe acrescentamos.

v

Ruge o leão ante o deserto que o enfurece,
Um som vermelho que enrubesce a areia
E desafia o vazio a gerar seu igual,

Senhor de garra e dente e juba, elástico
Antagonista. O elefante rasga
Com seu bramido a treva do Ceilão,

Lanhos de luz nas superfícies d'água,
Espatifando o ao-longe mais veludo. O urso,
Pardo ponderoso, na montanha rosna

At summer thunder and sleeps through winter snow.
But you, ephebe, look from your attic window,
Your mansard with a rented piano. You lie

In silence upon your bed. You clutch the corner
Of the pillow in your hand. Your writhe and press
A bitter utterance from your writhing, dumb,

Yet voluble dumb violence. You look
Across the roofs as sigil and as ward
And in your centre mark them and are cowed...

These are the heroic children whom time breeds
Against the first idea — to lash the lion,
Caparison elephants, teach bears to juggle.

VI

Not to be realized because not to
Be seen, not to be loved nor hated because
Not to be realized. Weather by Franz Hals,

Brushed up by brushy winds in brushy clouds,
Wetted by blue, colder for white. Not to
Be spoken to, without a roof, without

First fruits, without the virginal of birds,
The dark-blown ceinture loosened, not relinquished.
Gay is, gay was, the gay forsythia

Em chuva de verão e dorme no inverno.
Mas tu, efebo, da janela olhas
De tua mansarda com piano alugado.

Deitado em tua cama, em silêncio,
Agarrado ao travesseiro, te contorces
E arrancas sílabas amargas de tua muda,

Convulsiva, mas volúvel, violência.
Contemplas os telhados, és guardião e símbolo,
E no teu centro os fixas, e tens medo...

Heróis que o tempo gera contra a ideia
Primeira — ajaezar o elefante,
Atar leões, treinar ursos malabaristas.

VI

Não ser realizado por não ser
Visto, não ser amado nem odiado por
Não ser realizado. Clima de Franz Hals,

Pincelado por pincel de vento e
Nuvem, molhado de azul, mais frio
De branco. Não ouvir ninguém, sem teto,

Sem primícias, sem o virginal dos pássaros,
O cinturão azul afrouxado, não esquecido.
Alegre foi e é, forsítia amarela,

And yellow, yellow thins the Northern blue.
Without a name and nothing to be desired,
If only imagined but imagined well.

My house has changed a little in the sun.
The fragrance of the magnolias comes close,
False flick, false form, but falseness close to kin.

It must be visible or invisible,
Invisible or visible or both:
A seeing and unseeing in the eye.

The weather and the giant of the weather,
Say the weather, the mere weather, the mere air:
An abstraction blooded, as a man by thought.

VII

It feels good as it is without the giant,
A thinker of the first idea. Perhaps
The truth depends on a walk around a lake,

A composing as the body tires, a stop
To see hepatica, a stop to watch
A definition growing certain and

A wait within that certainty, a rest
In the swags of pine-trees bordering the lake.
Perhaps there are times of inherent excellence,

Amarelo que dilui o azul do Norte.
Sem nome e nada a desejar, imaginado
Apenas, porém bem imaginado.

Mudou um pouco a minha casa ao sol.
O odor das magnólias vem bem perto,
Forma falsa, gesto falso, mas por pouco.

Deve ser visível ou invisível,
Invisível ou visível ou os dois:
Um ver e um desver na vista. O clima

E o seu gigante, ou o clima em si,
O mero clima, o mero ar: abstração
Vivificada, como um homem pela mente.

VII

É bom ser como se é sem o gigante,
Pensador da ideia primeira. A verdade
Depende talvez de um passeio em torno ao lago,

Repouso quando o corpo está cansado,
Parar pra ver flores de hepática, ver
Definição virar certeza, e esperar

Dentro dessa certeza, descansar
Entre os festões de pinhos que margeiam o lago.
Talvez momentos haja de excelência

*As when the cock crows on the left and all
Is well, incalculable balances,
At which a kind of Swiss perfection comes*

*And a familiar music of the machine
Sets up its Schwärmerei, not balances
That we achieve but balances that happen,*

*As a man and woman meet and love forthwith.
Perhaps there are moments of awakening,
Extreme, fortuitous, personal, in which*

*We more than awaken, sit on the edge of sleep,
As on an elevation, and behold
The academies like structures in a mist.*

VIII

*Can we compose a castle-fortress-home,
Even with the help of Viollet-le-Duc,
And set the MacCullough there as major man?*

*The first idea is an imagined thing.
The pensive giant prone in violet space
May be the MacCullough, an expedient,*

*Logos and logic, crystal hypothesis,
Incipit and a form to speak the word
And every latent double in the word,*

Inerente, quando o galo canta ali
E tudo está bem, equilíbrio incalculável,
Em que uma perfeição suíça advém

E música de máquina, bem conhecida,
Cria seu Schwärmerei, não equilíbrio
Que conseguimos, mas dos que acontecem,

Como paixão que brota entre mulher e homem.
Talvez momentos haja de acordar,
Extremos, fortuitos, pessoais, nos quais

Mais que acordamos, instalamo-nos à beira
Do sono, qual num monte, e divisamos
Academias como estruturas na névoa.

VIII

Como compor um lar-forte-castelo,
Mesmo com a ajuda de Viollet-le-Duc,
E lá instalar o MacCullough como principal?

A ideia primeira é coisa imaginada.
O gigante pensativo em ar violeta
Pode ser o MacCullough, um sucedâneo,

Logos e lógica, cristalina hipótese,
Início e forma de dizer a palavra
E todo duplo latente na palavra,

Beau linguist. *But the MacCullough is MacCullough.*
It does not follow that major man is man.
If MacCullough himself lay lounging by the sea,

Drowned in its washes, reading in the sound,
About the thinker of the first idea,
He might take habit, whether from wave or phrase,

Or power of the wave, or deepened speech,
Or a leaner being, moving in on him,
Of greater aptitude and apprehension,

As if the waves at last were never broken,
As if the language suddenly, with ease,
Said things it had laboriously spoken.

IX

The romantic intoning, the declaimed clairvoyance
Are parts of apotheosis, appropriate
And of its nature, the idiom thereof.

They differ from reason's click-clack, its applied
Enflashings. But apotheosis is not
The origin of the major man. He comes,

Compact in invincible foils, from reason,
Lighted at midnight by the studious eye,
Swaddled in revery, the object of

Beau linguiste. Mas MacCullough é MacCullough.
Não se segue que o homem principal
Seja o homem. Mas estivesse o MacCullough

À beira-mar, lendo no som das ondas
Sobre o pensador da ideia primeira,
Quem sabe lhe daria o hábito a onda

Ou o verbo, ou o poder da onda, ou fala
Aprofundada, ou um ser mais apto,
Esguio e perceptivo, ao seu encalço,

Como se enfim as ondas não quebrassem,
Como se, de repente e facilmente, a língua
Dissesse o antes tão difícil de dizer.

IX

A entoação romântica, a vidência
Declamada, pertencem à apoteose,
E à sua natureza, seu idioma.

Diferem do clique-claque da razão, suas luzes
Aplicadas. Porém a apoteose
Não é a origem do homem principal.

Ele, compacto em folhas invencíveis, vem
Da razão, da luz do estudo à meia-noite,
Em fraldas de sonho envolto, objeto

The hum of thoughts evaded in the mind,
Hidden from other thoughts, he that reposes
On a breast forever precious for that touch,

For whom the good of April falls tenderly,
Falls down, the cock-birds calling at the time.
My dame, sing for this person accurate songs.

He is and may be but oh! he is, he is,
This foundling of the infected past, so bright,
So moving in the manner of his hand.

Yet look not at his colored eyes. Give him
No names. Dismiss him from your images.
The hot of him is purest in the heart.

X

The major abstraction is the idea of man
And major man is its exponent, abler
In the abstract than in his singular,

More fecund as principle than particle,
Happy fecundity, flor-abundant force,
In being more than an exception, part,

Though an heroic part, of the commonal.
The major abstraction is the commonal,
The inanimate, difficult visage. Who is it?

Do zum-zum das ideias que se ocultam
Das outras, o que repousa em seio
Que por seu toque se tornou precioso,

Por quem desce suave o bem de abril,
E cocoricam galos. Canta, ó minha dama,
Para este alguém o canto mais exato.

Ele é e pode ser, mas ah! é, sim,
Este enjeitado do passado infecto,
Tão luminoso, de gestos tão tocantes.

Mas não olhes em seus olhos coloridos,
Nem lhe dês nome. Exclui-o das tuas imagens.
No coração é que é mais puro o seu calor.

X

A abstração principal é a ideia do homem,
E o homem principal seu expoente,
Mais forte como abstrato que no singular,

Mais fecundo como princípio que partícula,
Feliz fecundidade, florabundante força,
Por ser, mais que exceção, uma parcela,

Ainda que heroica, do comum.
A abstração principal é o comum,
Feição difícil e inanimada. Quem é ele?

What rabbi, grown furious with human wish,
What chieftain, walking by himself, crying
Most miserable, most victorious,

Does not see these separate figures one by one,
And yet see only one, in his old coat,
His slouching pantaloons, beyond the town,

Looking for what was, where it used to be?
Cloudless the morning. It is he. The man
In that old coat, those sagging pantaloons,

It is of him, ephebe, to make, to confect
The final elegance, not to console
Nor sanctify, but plainly to propound.

IT MUST CHANGE

I

The old seraph, parcel-gilded, among violets
Inhaled the appointed odor, while the doves
Rose up like phantoms from chronologies.

The Italian girls wore jonquils in their hair
And these the seraph saw, had seen long since,
In the bandeaux of the mothers, would see again.

The bees came booming as if they had never gone,
As if hyacinths had never gone. We say
This changes and that changes. Thus the constant

Que rabino, irado com o anelo humano,
Que chefe, caminhando só, chorando,
No auge da vitória e do infortúnio,

Não vê uma por uma essas figuras,
Porém vê uma só, paletó surrado,
Calças frouxas, procurando pelas ruas

O que era, onde antes se encontrara?
Sem nuvens a manhã. É ele. O homem
Do velho paletó, calças caídas,

A ele cabe, efebo, preparar
A elegância final, não consolar
Nem sagrar, mas simplesmente propor.

DEVE MUDAR

I

O velho serafim, semidourado, aspirava
Entre violetas o odor devido, e as pombas
Subiam como espectros de cronologias.

Na Itália, as moças punham nos cabelos
Junquilhos, que o serafim há muito vira
Nas fitas das mães, e tornaria a ver.

Vieram zunindo as abelhas, como se abelhas
E jacintos nunca houvessem ido. Dizemos:
Isto e aquilo mudam. Violetas, pombas,

Violets, doves, girls, bees and hyacinths
Are inconstant objects of inconstant cause
In a universe of inconstancy. This means

Night-blue is an inconstant thing. The seraph
Is satyr in Saturn, according to his thoughts.
It means the distaste we feel for this withered scene

Is that it has not changed enough. It remains,
It is a repetition. The bees come booming
As if—The pigeons clatter in the air.

An erotic perfume, half of the body, half
Of an obvious acid is sure what it intends
And the booming is blunt, not broken in subtleties.

II

The President ordains the bee to be
Immortal. The President ordains. But does
The body lift its heavy wing, take up,

Again, an inexhaustible being, rise
Over the loftiest antagonist
To drone the green phrases of its juvenal?

Why should the bee recapture a lost blague,
Find a deep echo in a horn and buzz
The bottomless trophy, new hornsman after old?

Moças, abelhas e jacintos constantes
São coisas inconstantes de inconstantes causas
Num universo de inconstância. Ou seja,

O azul da noite é inconstante. O serafim
É sátiro em Saturno, se quiser. O que
Nos incomoda nesta cena fenecida

É não mudar ela o bastante, ser sempre
Repetição. Vêm zunindo as abelhas,
Como se — As pombas estalam no ar.

Perfume erótico, do corpo e de um ácido
Óbvio, sabe por certo o que pretende,
E o zunir é bruto, e não partido em sutilezas.

II

O presidente manda a abelha não morrer.
O presidente manda. Mas acaso
O corpo bate asas pesadas e levanta

Voo outra vez, inexaurível, vence
O antagonista mais excelso, e entoa
Os verdes versos de sua juventude?

Por que haveria a abelha de recuperar
A blague perdida, zumbir no troféu
Sem fundo, imitando o som antigo?

The President has apples on the table
And barefoot servants round him, who adjust
The curtains to a metaphysical t

And the banners of the nation flutter, burst
On the flag-poles in a red-blue dazzle, whack
At the halyards. Why, then, when in golden fury

Spring vanishes the scraps of winter, why
Should there be a question of returning or
Of death in memory's dream? Is spring a sleep?

This warmth is for lovers at last accomplishing
Their love, this beginning, not resuming, this
Booming and booming of the new-come bee.

III

The great statue of the General Du Puy
Rested immobile, though neighboring catafalques
Bore off the residents of its noble Place.

The right, uplifted foreleg of the horse
Suggested that, at the final funeral,
The music halted and the horse stood still.

On Sundays, lawyers in their promenades
Approached this strongly-heightened effigy
To study the past, and doctors, having bathed

O presidente tem maçãs na mesa,
E criadas descalças que ajustam as cortinas
Com metafísica exatidão;

Desfraldam-se nos mastros as bandeiras
Em esplendor vermelho e azul, e gemem as cordas
Tesas. Então por quê, quando na fúria

Áurea da primavera que devora os restos
Do inverno, por que a ideia de retorno, a morte
No sonho da memória? Primavera é sono?

Este calor é para amantes realizarem
Enfim o seu amor, começo e não retorno,
Esse zunir de abelha que recém-chegou.

III

O monumento ao general Du Puy
Quedava imóvel, embora a seu redor
Passassem féretros de seus vizinhos.

A pata erguida do cavalo, a destra,
Mostrava que, no derradeiro funeral,
Cavalo e música se deteriam.

Aos domingos, advogados em bando
Vinham estudar o passado nessa efígie
Exacerbada, e médicos saídos

Themselves with care, sought out the nerveless frame
Of a suspension, a permanence, so rigid
That it made the General a bit absurd,

Changed, his true flesh to an inhuman bronze.
There never had been, never could be, such
A man. The lawyers disbelieved, the doctors

Said that as keen, illustrious ornament,
As setting for geraniums, the General,
The very Place Du Puy, in fact, belonged

Among our more vestigial states of mind.
Nothing had happened because nothing had changed.
Yet the General was rubbish in the end.

IV

Two things of opposite natures seem to depend
On one another, as a man depends
On a woman, day on night, the imagined

On the real. This is the origin of change.
Winter and spring, cold copulars, embrace
And forth the particulars of rapture come.

Music falls on the silence like a sense,
A passion that we feel, not understand.
Morning and afternoon are clasped together

De banhos judiciosos procuravam
A base desta permanência, tão rígida
Que tornava um pouco absurdo o general,

Tornava sua carne em bronze frio.
Tal homem nunca houvera, nem podia haver,
Descriam os advogados. Os médicos diziam

Que, como belo e ilustre ornamento,
Cenário pra gerânios, o general,
A própria praça Du Puy, eram apenas

Restos de estados primevos da mente.
Nada ocorrera, pois nada mudara.
Mas, no final, era só lixo o general.

IV

Tudo depende do que lhe é oposto.
Assim depende o homem da mulher,
O dia da noite, o imaginado

Do real. É esta a origem das mudanças.
Inverno e primavera, em fria cópula,
Engendram os pormenores do enlevo.

Sobre o silêncio desce a música, um sentido,
Paixão que só se sente, não se entende.
Tarde e manhã se abraçam, norte e sul

And North and South are an intrinsic couple
And sun and rain a plural, like two lovers
That walk away as one in the greenest body.

In solitude the trumpets of solitude
Are not of another solitude resounding;
A little string speaks for a crowd of voices.

The partaker partakes of that which changes him.
The child that touches takes character from the thing,
The body, it touches. The captain and his men

Are one and the sailor and the sea are one.
Follow after, O my companion, my fellow, my self,
Sister and solace, brother and delight.

V

On a blue island in a sky-wide water
The wild orange trees continued to bloom and to bear,
Long after the planter's death. A few limes remained,

Where his house had fallen, three scraggy trees weighted
With garbled green. These were the planter's turquoise
And his orange blotches, these were his zero green,

A green baked greener in the greenest sun.
These were his beaches, his sea-myrtles in
White sand, his patter of the long sea-slushes.

Formam um casal intrínseco, e sol
E chuva um plural, como dois amantes
Fundidos num só corpo verdejante.

As trompas que na solidão ressoam
Não são de alguma outra solidão;
Uma só corda por muitas vozes fala.

Quem interage muda ao interagir.
A criança adquire o caráter da coisa,
Do corpo, que toca. O capitão e os marujos

São um só, e o marujo e o mar são um.
Vem, companheiro, minha irmã, meu eu,
Amigo e alívio, alegria e irmão.

v

Na ilha azul, em meio a um céu de mar,
Frutificavam as laranjeiras, muito após
Morrer o plantador. Restavam três limoeiros,

Onde antes era a casa, árvores magras
Pesadas de um verde enviesado. Eram as manchas
Turquesa e laranja do homem, verde zero,

Verde que o sol mais verde esverdeou.
Eram essas suas praias, suas plantas,
Areia branca, longas lambidas de mar.

There was an island beyond him on which rested,
An island to the South, on which rested like
A mountain, a pineapple pungent as Cuban summer.

And là-bas, là-bas, *the cool bananas grew,*
Hung heavily on the great banana tree,
Which pierces clouds and bends on half the world.

He thought often of the land from which he came,
How that whole country was a melon, pink
If seen rightly and yet a possible red.

An unaffected man in a negative light
Could not have borne his labor nor have died
Sighing that he should leave the banjo's twang.

VI

Bethou me, said sparrow, to the crackled blade,
And you, and you, bethou me as you blow,
When in my coppice you behold me be.

Ah, ké! the bloody wren, the felon jay,
Ké-ké, the jug-throated robin pouring out,
Bethou, bethou, bethou me in my glade.

There was such idiot minstrelsy in rain,
So many clappers going without bells,
That these bethous compose a heavenly gong.

Além, noutra ilha além do homem,
Ao sul, havia um ananás feito um morro,
Que recendia como um verão cubano.

Là-bas, là-bas, cachos pesados de bananas
Pendiam frescos de uma grande bananeira
Que as nuvens fura, e sobre meio mundo pende.

Ele pensava muito no torrão natal,
Naquela terra que era toda um melão,
Rosada exatamente, mas talvez vermelha.

Alguém mais negativo não suportaria
O tanto que ele trabalhou, nem morreria
Suspirando saudades de seu banjo.

VI

Tuteia-me, pardal disse ao capim,
E tu, e tu, tuteia-me também,
Ao ver-me no meu bosque ser quem sou.

Ah, kê! carriça-cruenta, gaio-réu,
Kê-kê, tordo bicudo a jorrar,
Tuteia-me, tuteia-me em meu bosque.

Na chuva era tão parva a cantoria,
Tanto sino só badalo, que os tuteia-me
Compunham como um gongo celestial.

One voice repeating, one tireless chorister,
The phrases of a single phrase, ké-ké,
A single text, granite monotony,

One sole face, like a photograph of fate,
Glass-blower's destiny, bloodless episcopus,
Eye without lid, mind without any dream —

These are of minstrels lacking minstrelsy,
Of an earth in which the first leaf is the tale
Of leaves, in which the sparrow is a bird

Of stone, that never changes. Bethou him, you
And you, bethou him and bethou. It is
A sound like any other. It will end.

VII

After a lustre of the moon, we say
We have not the need of any paradise,
We have not the need of any seducing hymn.

It is true. Tonight the lilacs magnify
The easy passion, the ever-ready love
Of the lover that lies within us and we breathe

An odor evoking nothing, absolute.
We encounter in the dead middle of the night
The purple odor, the abundant bloom.

Uma só voz, corista incansável,
A repetir kê-kê, a frase única,
Um texto só, pétrea monotonia,

Um rosto só, qual foto do destino,
Destino de vidreiro, bispo exangue,
Olho sem pálpebra, mente sem sonho algum —

São menestréis sem arte, de uma terra
Em que a primeira folha é a história
Das folhas, e o pardal ave de pedra,

Que nunca muda. Tuteia-o tu,
E tu, também, tuteia-o tu. É um som
Igual a outro qualquer. Há de cessar.

VII

Após um lustro de luar, dizemos
Que não é preciso paraíso algum,
Nem cântico nenhum que nos seduza.

É verdade. Esta noite os lilases
Ampliam a paixão fácil, ansioso amor
Do amante que há em nós, e respiramos

Aroma absoluto, que não evoca nada.
No mais fundo da noite encontramos
O aroma púrpuro, abundante flor.

The lover sighs as for accessible bliss,
Which he can take within him on his breath,
Possess in his heart, conceal and nothing known.

For easy passion and ever-ready love
Are of our earthy birth and here and now
And where we live and everywhere we live,

As in the top-cloud of a May night-evening,
As in the courage of the ignorant man,
Who chants by book, in the heat of the scholar, who writes

The book, hot for another accessible bliss:
The fluctuations of certainty, the change
Of degrees of perception in the scholar's dark.

VIII

On her trip around the world, Nanzia Nunzio
Confronted Ozymandias. She went
Alone and like a vestal long-prepared.

I am the spouse. She took her necklace off
And laid it in the sand. As I am, I am
The spouse. She opened her stone-studded belt.

I am the spouse, divested of bright gold,
The spouse beyond emerald or amethyst,
Beyond the burning body that I bear.

O amante sonha um êxtase acessível
Que possa ter consigo ao respirar,
No coração, manter sempre em segredo.

Fácil paixão, amor ansioso — nossa
Terrena condição, aqui e agora
E onde vivemos e onde vivamos,

Na mais alta nuvem de um entardecer,
Ou na coragem do ignorante, que reza
Pelo livro, no calor do autor do livro,

Que anseia outro êxtase acessível:
As flutuações da certeza, as nuanças
De percepção na escuridão do sábio autor.

VIII

Em sua volta ao mundo, Nanzia Nunzio
Encontrou Ozimândias. Foi sozinha,
Paramentada, como uma vestal.

Eu sou a esposa. Retirou o colar
E o pôs na areia. Sou como sou, a esposa.
Abriu o cinto cravejado de brilhantes.

Sou a esposa, de ouro desnudada,
Além de esmeralda e ametista,
Além do corpo ardente que eu ostento.

I am the woman stripped more nakedly
Than nakedness, standing before an inflexible
Order, saying I am the contemplated spouse.

Speak to me that, which spoken, will array me
In its own only precious ornament.
Set on me the spirit's diamond coronal.

Clothe me entire in the final filament,
So that I tremble with such love so known
And myself am precious for your perfecting.

Then Ozymandias said the spouse, the bride
Is never naked. A fictive covering
Weaves always glistening from the heart and mind.

IX

The poem goes from the poet's gibberish to
The gibberish of the vulgate and back again.
Does it move to and fro or is it of both

At once? Is it a luminous flittering
Or the concentration of a cloudy day?
Is there a poem that never reaches words

And one that chaffers the time away?
Is the poem both peculiar and general?
There's a meditation there, in which there seems

Sou a mulher mais nua que a nudez,
Perante uma ordem inflexível
Que diz ser eu a esposa contemplada.

Dizei-me aquilo que, dito, me cingirá
Com seu único e precioso ornamento.
Cingi-me com o diadema do espírito.

Vesti-me toda do filamento último,
Que eu trema desse amor sabido e torne-me
Preciosa por me aperfeiçoardes.

E Ozimândias disse, a esposa, a noiva
Nunca é nua. Véu fictício luzidio
Sempre se tece da mente e do coração.

IX

O poema oscila entre a algaravia
Do poeta e a do vernáculo. Será
Que vai de um ao outro ou é dos dois

Ao mesmo tempo? É um luminoso esvoaçar
Ou a concentração de um dia sem sol?
Há um poema que jamais chega à palavra

E outro tagarela? O poema é ao mesmo tempo
Peculiar e geral? Aqui reside
Uma meditação, talvez até

*To be an evasion, a thing not apprehended or
Not apprehended well. Does the poet
Evade us, as in a senseless element?*

*Evade, this hot, dependent orator,
The spokesman at our bluntest barriers,
Exponent by a form of speech, the speaker*

*Of a speech only a little of the tongue?
It is the gibberish of the vulgate that he seeks.
He tries by a peculiar speech to speak*

*The peculiar potency of the general,
To compound the imagination's Latin with
The* lingua franca et jocundissima.

X

*A bench was his catalepsy, Theatre
Of Trope. He sat in the park. The water of
The lake was full of artificial things,*

*Like a page of music, like an upper air,
Like a momentary color, in which swans
Were seraphs, were saints, were changing essences.*

*The west wind was the music, the motion, the force
To which the swans curveted, a will to change,
A will to make iris frettings on the blank.*

Uma evasão, algo não apreendido
Ou mal apreendido. O poeta
Nos escapa em meio ao sem-sentido?

Este orador intenso e dependente,
Porta-voz nas mais brutas barreiras,
Expoente por um modo de dizer, falante

De uma fala que da língua é só um pouco?
Ele busca a algaravia do vernáculo,
E com fala peculiar tenta exprimir

A peculiar potência do geral,
Fundir o latim da imaginação
Com a *lingua franca et jocundissima*.

x

Um banco de praça era seu Teatro
De Tropos, sua catalepsia. A água
Do lago, cheia de coisas artificiais,

Era uma partitura, estratosfera,
Era cor momentânea, onde cisnes
Eram santos, serafins, essências cambiantes.

O vento oeste era a música, era a força
Que dobrava os cisnes, vontade de mudar,
Traçar riscos furta-cor no vazio.

*There was a will to change, a necessitous
And present way, a presentation, a kind
Of volatile world, too constant to be denied,*

*The eye of a vagabond in metaphor
That catches our own. The casual is not
Enough. The freshness of transformation is*

*The freshness of a world. It is our own,
It is ourselves, the freshness of ourselves,
And that necessity and that presentation*

*Are rubbings of a glass in which we peer.
Of these beginnings, gay and green, propose
The suitable amours. Time will write them down.*

IT MUST GIVE PLEASURE

I

*To sing jubilas at exact, accustomed times,
To be crested and wear the mane of a multitude
And so, as part, to exult with its great throat,*

*To speak of joy and to sing of it, borne on
The shoulders of joyous men, to feel the heart
That is the common, the bravest fundament,*

*This is a facile exercise. Jerome
Begat the tubas and the fire-wind strings,
The golden fingers picking dark-blue air:*

Havia vontade de mudar, presente
E necessária, uma apresentação,
Mundo volátil, tão constante que inegável,

Olho de vagabundo em metáfora
Que prende nosso olhar. O aleatório
Não basta. Frescor de transformação

É o frescor de um mundo. É nosso, é nós,
É o frescor de nós mesmos, e aquela
Necessidade e apresentação

São vislumbres num vidro só translúcido.
Destes começos verdes, propõe tu
O amor apropriado. O tempo o escreverá.

DEVE DAR PRAZER

I

Cantar hosanas nos momentos acertados,
Usar crina e penacho de uma multidão
E exultar com grande e comunal garganta,

Falar, cantar de júbilo, erguido
Nos ombros de homens jubilosos, e sentir
O coração que é a base comum, a mais forte,

Isso é bem fácil. Jerônimo gerou
As tubas e os saltérios ardentes,
Dedos dourados tangendo ar azul-escuro:

For companies of voices moving there,
To find of sound the bleakest ancestor,
To find of light a music issuing

Whereon it falls in more than sensual mode.
But the difficultest rigor is forthwith,
On the image of what we see, to catch from that

Irrational moment its unreasoning,
As when the sun comes rising, when the sea
Clears deeply, when the moon hangs on the wall

Of heaven-haven. These are not things transformed.
Yet we are shaken by them as if they were.
We reason about them with a later reason.

II

The blue woman, linked and lacquered, at her window
Did not desire that feathery argentines
Should be cold silver, neither that frothy clouds

Should foam, be foamy waves, should move like them,
Nor that the sexual blossoms should repose
Without their fierce addictions, nor that the heat

Of summer, growing fragrant in the night,
Should strengthen her abortive dreams and take
In sleep its natural form. It was enough

Para coortes de vozes encontrar
Do som o ancestral mais cavernoso,
Da luz ver emanando uma música

Que nela desce em modo mais que sensual.
Rigor mais árduo, porém, é imediato,
Na imagem do que vemos, capturamos

Do instante irracional a não razão,
Como ao nascer do sol, o mar clareando
Fundo, quando a lua paira na parede

Do céu. Tais coisas não são transformadas,
Mas nos abalam tal como se fossem.
Pensamos nelas com razão tardia.

II

A mulher azul, laqueada, à janela
Não queria como prata fria os cardos
Argênteos, nem que as nuvens feito espuma

Espumassem, fossem ondas espumosas,
Nem que as flores sexuais ficassem imóveis
Sem seus vícios vorazes, nem que o calor

Estival, fragrante à noite, lhe inflasse
Os sonhos abortados e assumisse
No sono sua forma natural. A ela,

For her that she remembered: the argentines
Of spring come to their places in the grape leaves
To cool their ruddy pulses; the frothy clouds

Are nothing but frothy clouds; the frothy blooms
Waste without puberty; and afterward,
When the harmonious heat of August pines

Enters the room, it drowses and is the night.
It was enough for her that she remembered.
The blue woman looked and from her window named

The corals of the dogwood, cold and clear,
Cold, coldly delineating, being real,
Clear and, except for the eye, without intrusion.

III

A lasting visage in a lasting bush,
A face of stone in an unending red,
Red-emerald, red-slitted-blue, a face of slate,

An ancient forehead hung with heavy hair,
The channel slots of rain, the red-rose-red
And weathered and the ruby-water-worn,

The vines around the throat, the shapeless lips,
The frown like serpents basking on the brow,
The spent feeling leaving nothing of itself,

A lembrança bastava: os argênteos
Da primavera vêm às folhas das parreiras
Refrescar seus pulsos rubros; as nuvens de espuma

São só nuvens de espuma; as flores de espuma
Impúberes fenecem; e depois, quando
O calor harmonioso dos pinheiros

De agosto invade a sala, vem o sono e é noite.
A ela, a lembrança bastava. A mulher
Azul pela janela via e enumerava

Os corais do abrunheiro, frios e limpos,
Delineados frios, pois que reais,
Limpos e, salvo o olhar, sem intrusão.

III

Rosto durável em duradouro arbusto,
Cara de pedra em vermelho infinito,
Rubro-esmeralda, risco azul, rosto de ardósia,

Fronte antiga, ornada de melenas grossas,
Canais rasgados de chuva, vermelho-
-Rosa e vermelho-rubi, sulcada de água,

Garganta envolta em trepadeiras, lábios
Amorfos, esgar de cobra enrodilhada,
Sensação gasta que não deixa rastro,

Red-in-red repetitions never going
Away, a little rusty, a little rouged,
A little roughened and ruder, a crown

The eye could not escape, a red renown
Blowing itself upon the tedious ear.
An effulgence faded, dull cornelian

Too venerably used. That might have been.
It might and might have been. But as it was,
A dead shepherd brought tremendous chords from hell

And bade the sheep carouse. Or so they said.
Children in love with them brought early flowers
And scattered them about, no two alike.

IV

We reason of these things with later reason
And we make of what we see, what we see clearly
And have seen, a place dependent on ourselves.

There was a mystic marriage in Catawba,
At noon it was on the mid-day of the year
Between a great captain and the maiden Bawda.

This was their ceremonial hymn: Anon
We loved but would no marriage make. Anon
The one refused the other one to take,

Repetições de rubro em rubro, incessantes,
Meio ferrugem, meio ruge, meio
Arranhado, mais rude, uma coroa

Que prende a vista, rubra fama gasta
Soprando-se no ouvido tedioso.
Pálida fulgência, fosca cornalina

Venerada em excesso. Podia ter sido,
Podia, podia. Mas um pastor morto
Trouxe acordes tremendos do inferno

E fez dançarem os carneiros. É o que contam.
Crianças amorosas lhes trouxeram flores
E as espalharam, todas elas diferentes.

IV

Pensamos nestas coisas com razão tardia
E do que vemos com clareza, do que vimos,
Fazemos um lugar que só de nós depende.

Houve núpcias místicas em Catawba,
Ao meio-dia do dia médio do ano:
Um grande capitão e a moça Bawda.

E foi assim o epitalâmio: Outrora
Amávamos, mas sem querer casar. Outrora
Um recusou tomar o outro em matrimônio,

Foreswore the sipping of the marriage wine.
Each must the other take not for his high,
His puissant front nor for her subtle sound,

The shoo-shoo-shoo of secret cymbals round.
Each must the other take as sign, short sign
To stop the whirlwind, balk the elements.

The great captain loved the ever-hill Catawba
And therefore married Bawda, whom he found there,
And Bawda loved the captain as she loved the sun.

They married well because the marriage-place
Was what they loved. It was neither heaven nor hell.
They were love's characters come face to face.

V

We drank Meursault, ate lobster Bombay with mango
Chutney. Then the Canon Aspirin declaimed
Of his sister, in what a sensible ecstasy

She lived in her house. She had two daughters, one
Of four, and one of seven, whom she dressed
The way a painter of pauvred color paints.

But still she painted them, appropriate to
Their poverty, a gray-blue yellowed out
With ribbon, a rigid statement of them, white,

Vinho sacramental não quis beber.
Não fosse ela querê-lo por sua fronte forte,
Nem ele a ela por seu som sutil,

O xô-xô-xô de címbalos secretos. Um
Havia de o outro querer como sinal
Que parasse o tufão, calasse os elementos.

O capitão amava a montanhíssima Catawba,
E assim desposou Bawda, que lá encontrou,
E Bawda a ele amava como ao sol.

Casaram bem porque o lugar do casamento
Era o que amavam. Nem céu nem inferno.
Personagens do amor a defrontar-se.

v

Jantamos lagosta com chutney de manga
Regada a Meursault. E o cônego Aspirina
Louvou sua irmã, o êxtase sensato

De sua vida. Tinha duas filhas,
De quatro e sete anos, e as vestia
Como pinta um pintor de tintas *pauvres*.

Porém ela as pintava em coerência
Com sua pobreza, azul-cinzento amarelado
Com fita, afirmação severa em branco,

With Sunday pearls, her widow's gayety.
She hid them under simple names. She held
Them closelier to her by rejecting dreams.

The words they spoke were voices that she heard.
She looked at them and saw them as they were
And what she felt fought off the barest phrase.

The Canon Aspirin, having said these things,
Reflected, humming an outline of a fugue
Of praise, a conjugation done by choirs.

Yet when her children slept, his sister herself
Demanded of sleep, in the excitements of silence
Only the unmuddled self of sleep, for them.

VI

When at long midnight the Canon came to sleep
And normal things had yawned themselves away,
The nothingness was a nakedness, a point,

Beyond which fact could not progress as fact.
Thereon the learning of the man conceived
Once more night's pale illuminations, gold

Beneath, far underneath, the surface of
His eye and audible in the mountain of
His ear, the very material of his mind.

E pérolas domingueiras, alegria
De viúva. E as ocultava em nomes simples.
Mais as cingia a si ao rejeitar os sonhos.

Ouvia as palavras que elas diziam,
E as via como eram, e o que sentia
Continha o mais sóbrio adjetivo.

O cônego Aspirina, tendo dito,
Pensou, cantarolando um fugato
De louvação, conjugação de coros.

Mas ao dormirem as crianças, sua irmã
Pedia ao sono, no afã do silêncio,
Só o límpido eu do sono, para elas.

VI

Quando, à meia-noite, o cônego dormiu
E as coisas normais sumiram num bocejo,
O nada era nudez, um ponto, além

Do qual o fato fato não era mais.
O saber do homem concebeu outra vez
As tênues iluminações da noite,

Ouro muito abaixo da superfície
De seu olho, e audível na montanha
Do seu ouvido, material de sua mente.

So that he was the ascending wings he saw
And moved on them in orbits' outer stars
Descending to the children's bed, on which

They lay. Forth then with huge pathetic force
Straight to the utmost crown of night he flew.
The nothingness was a nakedness, a point

Beyond which thought could not progress as thought.
He had to choose. But it was not a choice
Between excluding things. It was not a choice

Between, but of. He chose to include the things
That in each other are included, the whole,
The complicate, the amassing harmony.

VII

He imposes orders as he thinks of them,
As the fox and snake do. It is a brave affair.
Next he builds capitols and in their corridors,

Whiter than wax, sonorous, fame as it is,
He establishes statues of reasonable men,
Who surpassed the most literate owl, the most erudite

Of elephants. But to impose is not
To discover. To discover an order as of
A season, to discover summer and know it,

Ele era as asas ascendentes que via,
Com elas subia às mais distantes estrelas,
Descendo ao leito onde dormiam as crianças.

Com a força imensa do patético, voou
Até o cume último da noite.
O nada era nudez, um ponto além

Do qual ideia ideia não era mais.
Tinha que optar. Porém não era escolha
Entre coisas que se excluem. Não era escolha

Entre, mas de. Ele escolheu incluir
As coisas que se incluem uma à outra, o todo,
O complicado, a harmonia em massa.

VII

Ele impõe ordens tais como ele as pensa,
Como o fazem a cobra e a raposa. É nobre.
Depois ergue templos, e em corredores alvos

Qual cera, sonoros, a fama como é,
Ergue estátuas de homens razoáveis,
Mais eruditos que a mais sábia coruja

Ou elefante. Mas impor não é achar.
Achar a ordem de uma estação do ano,
Achar verão e o saber, achar

To discover winter and know it well, to find,
Not to impose, not to have reasoned at all,
Out of nothing to have come on major weather,

It is possible, possible, possible. It must
Be possible. It must be that in time
The real will from its crude compoundings come,

Seeming, at first, a beast disgorged, unlike,
Warmed by a desperate milk. To find the real,
To be stripped of every fiction except one,

The fiction of an absolute — Angel,
Be silent in your luminous cloud and hear
The luminous melody of proper sound.

VIII

What am I to believe? If the angel in his cloud,
Serenely gazing at the violent abyss,
Plucks on his strings to pluck abysmal glory,

Leaps downward through evening's revelations, and
On his spredden wings, needs nothing but deep space,
Forgets the gold centre, the golden destiny,

Grows warm in the motionless motion of his flight,
Am I that imagine this angel less satisfied?
Are the wings his, the lapis-haunted air?

O inverno e sabê-lo bem, descobrir,
Não impor, sem nem sequer pensar,
Partir do nada e achar o cerne da estação,

É possível, é possível. Tem que ser
Possível. O real há de surgir
De seus rudes compostos algum dia,

De início, como fera vomitada,
Nutrida com o leite da aflição.
Achar o real, despido de qualquer

Ficção que não a de um absoluto — Anjo
Em tua nuvem luminosa, cala e ouve
A luminosa música do som exato.

VIII

Em que devo crer? Se o anjo em sua nuvem
A contemplar sereno o abismo violento,
De suas cordas tange glória abissal,

Mergulha nas revelações da tarde, e,
Asas abertas, só pede espaço fundo,
Esquece o cerne de ouro, áureo destino,

Se aquece ao movimento imóvel desse voo,
Eu, que imagino o anjo, sou menos contente?
São dele as asas, ar assombrado de azul?

Is it he or is it I that experience this?
Is it I then that keep saying there is an hour
Filled with expressible bliss, in which I have

No need, am happy, forget need's golden hand,
Am satisfied without solacing majesty,
And if there is an hour there is a day,

There is a month, a year, there is a time
In which majesty is a mirror of the self:
I have not but I am and as I am, I am.

These external regions, what do we fill them with
Except reflections, the escapades of death,
Cinderella fulfilling herself beneath the roof?

IX

Whistle aloud, too weedy wren. I can
Do all that angels can. I enjoy like them,
Like men besides, like men in light secluded,

Enjoying angels. Whistle, forced bugler,
That bugles for the mate, nearby the nest,
Cock bugler, whistle and bugle and stop just short,

Red robin, stop in your preludes, practicing
Mere repetitions. These things at least comprise
An occupation, an exercise, a work,

Quem vivencia isto, ele ou eu?
Então sou eu que digo sempre: há uma hora
Cheia de êxtase dizível, em que nada

Necessito, sou feliz, esqueço
A mão dourada da necessidade,
Contento-me sem majestade, e se há uma hora

Há um dia, um mês, um ano, há um tempo
Em que majestade é um espelho do eu:
Não tenho, porém sou, e como sou, eu sou.

Com que preenchemos essas regiões externas
Senão com reflexões, fugas da morte,
Cinderela satisfeita na mansarda?

IX

Guincha bem alto, frouxa corruíra. Eu sei
Fazer tudo que os anjos fazem, eu gozo
Feito anjo ou homem, homem encerrado em luz,

Gozando anjos. Guincha, corneteiro à força,
Guincha por tua fêmea, o ninho é vizinho,
Toca a corneta, guincha e para bem na hora,

Para em teu prelúdio, tordo, que praticas
Meras repetições. Tais coisas são ao menos
Trabalho, exercício, ocupação,

A thing final in itself and, therefore, good:
One of the vast repetitions final in
Themselves and, therefore, good, the going round

And round and round, the merely going round,
Until merely going round is a final good,
The way wine comes at a table in a wood.

And we enjoy like men, the way a leaf
Above the table spins its constant spin,
So that we look at it with pleasure, look

At it spinning its eccentric measure. Perhaps,
The man-hero is not the exceptional monster,
But he that of repetition is most master.

X

Fat girl, terrestrial, my summer, my night,
How is it I find you in difference, see you there
In a moving contour, a change not quite completed?

You are familiar yet an aberration.
Civil, madam, I am, but underneath
A tree, this unprovoked sensation requires

That I should name you flatly, waste no words,
Check your evasions, hold you to yourself.
Even so when I think of you as strong or tired,

Um fim em si, portanto coisa boa:
Repetição imensa que culmina em
Si própria, e portanto boa, que dá voltas

E mais voltas e mais voltas e mais nada,
Até que o dar voltas é um fim e um bem,
Como vinho numa mesa num bosque.

E gozamos como homens, como folha
Que sobre a mesa rodopia sem parar,
E a vemos com prazer rodopiando,

Rodopiando em metro excêntrico. Talvez
O homem-herói não seja o monstro excepcional,
Mas da repetição o mestre-mor.

X

Moça gorda, terrestre, meu verão e noite,
Por que te encontro em plena diferença,
Forma móvel, mudança inacabada?

És conhecida, mas és aberração.
Cortês eu sou, madame, mas à sombra
De uma árvore, esta espontânea sensação

Me faz dizer teu nome puro e simples,
Conter tuas evasões, te restringir a ti.
Porém quando te penso forte ou cansada,

Bent over work, anxious, content, alone,
You remain the more than natural figure. You
Become the soft-footed phantom, the irrational

Distortion, however fragrant, however dear.
That's it: the more than rational distortion,
The fiction that results from feeling. Yes, that.

They will get it straight one day at the Sorbonne.
We shall return at twilight from the lecture
Pleased that the irrational is rational,

Until flicked by feeling, in a gildered street,
I call you by name, my green, my fluent mundo.
You will have stopped revolving except in crystal.

———

Soldier, there is a war between the mind
And sky, between thought and day and night. It is
For that the poet is always in the sun,

Patches the moon together in his room
To his Virgilian cadences, up down,
Up down. It is a war that never ends.

Yet it depends on yours. The two are one.
They are a plural, a right and left, a pair,
Two parallels that meet if only in

Absorta em teu trabalho, ansiosa, satisfeita,
Só, tu permaneces a mais que natural.
És o espectro de pés macios, distorção

Irracional, por mais fragrante e amada.
É isto: distorção a mais que racional,
Ficção que o sentimento engendra. Isso, sim.

Mas a Sorbonne um dia há de explicar.
Após a aula, alegres voltaremos,
Por ser racional o irracional, até que

Em rua tocaiada, refém da emoção,
Eu grite teu nome, meu fluente, verde mundo.
E não mais girarás senão em cristal.

———

Soldado, estão em guerra mente e céu,
Pensamento e dia e noite. É por isso
Que o poeta está sempre ao sol,

Remenda a lua em seu quarto, em metros
Virgilianos, para cima, para baixo,
E cima e baixo. Essa guerra não tem fim.

Mas é da tua que ela depende.
As duas são uma, dois pés de um par,
Paralelas que se encontram tão somente

The meeting of their shadows or that meet
In a book in a barrack, a letter from Malay.
But your war ends. And after it you return

With six meats and twelve wines or else without
To walk another room... Monsieur and comrade,
The soldier is poor without the poet's lines,

His petty syllabi, the sounds that stick,
Inevitably modulating, in the blood.
And war for war, each has its gallant kind.

How simply the fictive hero becomes the real;
How gladly with proper words the soldier dies,
If he must, or lives on the bread of faithful speech.

Quando se tocam suas sombras, ou num livro
Na trincheira, carta chegada da Malaia.
Mas tua guerra tem fim. Depois tu voltas

Com muita carne e vinho farto, ou vais andar
Em outra câmara... Monsieur e camarada,
Pobre é o soldado sem os versos do poeta,

Suas súmulas magras, sons que deixam marcas,
Modulando inevitavelmente, no sangue.
Guerra por guerra, cada uma tem sua glória.

Faz-se real, bem fácil, o herói fictício;
Morre feliz, com a palavra exata, o soldado,
Se necessário, ou vive e come o pão da fala fiel.

DE *THE AURORAS OF AUTUMN*

The Auroras of Autumn

I

This is where the serpent lives, the bodiless.
His head is air. Beneath his tip at night
Eyes open and fix on us in every sky.

Or is this another wriggling out of the egg,
Another image at the end of the cave,
Another bodiless for the body's slough?

This is where the serpent lives. This is his nest,
These fields, these hills, these tinted distances,
And the pines above and along and beside the sea.

This is form gulping after formlessness,
Skin flashing to wished-for disappearances
And the serpent body flashing without the skin.

This is the height emerging and its base
These lights may finally attain a pole
In the midmost midnight and find the serpent there,

In another nest, the master of the maze
Of body and air and forms and images,
Relentlessly in possession of happiness.

As auroras boreais do outono

I

Aqui vive a serpente, a incorpórea.
A cabeça é de ar. Os olhos abrem à noite,
E em todo o céu o olhar se fixa em nós.

Ou será isto outro sair do ovo,
Outra imagem na caverna, outro incorpóreo
Para a pele descartada do corpo?

Aqui vive a serpente. Este é seu ninho,
Esses campos e serras, as distâncias tintas,
Pinheiros acima e ao longo do mar.

É forma aspirando o informe, pele
Cintilando o desejo de sumir,
Corpo de cobra cintilando sem a pele.

Aqui emerge a altura e sua base
Talvez as luzes por fim atinjam um polo
Em plena meia-noite, e achem lá a serpente,

Em outro ninho, senhora do labirinto
De corpo e ar e forma e imagem, implacável
Proprietária da felicidade.

*This is his poison: that we should disbelieve
Even that. His meditations in the ferns,
When he moved so slightly to make sure of sun,*

*Made us no less as sure. We saw in his head,
Black beaded on the rock, the flecked animal,
The moving grass, the Indian in his glade.*

II

*Farewell to an idea... A cabin stands,
Deserted, on a beach. It is white,
As by a custom or according to*

*An ancestral theme or as a consequence
Of an infinite course. The flowers against the wall
Are white, a little dried, a kind of mark*

*Reminding, trying to remind, of a white
That was different, something else, last year
Or before, not the white of an aging afternoon,*

*Whether fresher or duller, whether of winter cloud
Or of winter sky, from horizon to horizon.
The wind is blowing the sand across the floor.*

*Here, being visible is being white,
Is being of the solid of white, the accomplishment
Of an extremist in an exercise...*

Eis seu veneno: nem nisso acreditarmos.
Quando ela, ao meditar entre as avencas,
Mexeu-se para conferir o sol,

Mostrou-se a nós. Vimos em sua cabeça,
Gota negra na pedra, bicho mosqueado,
Capim movente, o índio em sua trilha.

II

Adeus a uma ideia... Uma cabana,
Deserta, numa praia. É branca,
Como se por costume, ou conforme

Um tema ancestral, ou consequência
De um curso infinito. As flores na parede
São brancas, algo secas; elas lembram,

Tentam lembrar, um branco diferente,
No ano passado, ou antes, não o branco
De uma tarde envelhecida, mais vivo

Ou mais desmaiado, de nuvem de inverno
Ou céu de inverno, de horizonte a horizonte.
O vento joga areia no assoalho.

Aqui, ser visível é ser branco, é ser
De um todo branco, realização
Do exercício de um extremista...

The season changes. A cold wind chills the beach.
The long lines of it grow longer, emptier,
A darkness gathers though it does not fall

And the whiteness grows less vivid on the wall.
The man who is walking turns blankly on the sand.
He observes how the north is always enlarging the change,

With its frigid brilliances, its blue-red sweeps
And gusts of great enkindlings, its polar green,
The color of ice and fire and solitude.

III

Farewell to an idea... The mother's face,
The purpose of the poem, fills the room.
They are together, here, and it is warm,

With none of the prescience of oncoming dreams,
It is evening. The house is evening, half dissolved.
Only the half they can never possess remains,

Still-starred. It is the mother they possess,
Who gives transparence to their present peace.
She makes that gentler that can gentle be.

And yet she too is dissolved, she is destroyed.
She gives transparence. But she has grown old.
The necklace is a carving not a kiss.

Muda a estação. Um vento esfria a praia.
As linhas longas se alongam, se esvaziam,
A escuridão se adensa mas não desce,

E o branco das paredes esmaece.
O homem que anda em branco na areia para
E vê como o norte intensifica a mudança,

Com brilhos gélidos, cortinas verde-azuis,
Grandes golfadas de luz, verde polar,
Cor de gelo e fogo e solidão.

III

Adeus a uma ideia... O rosto da mãe,
O objetivo do poema, enche a sala.
Aqui estão juntos, aqui o frio não entra,

Não há presciência de sonhos que surjam.
A casa é a tarde, semidissolvida.
Só resta a metade que nunca lhes pertence,

Estrelas estáticas. É a mãe que é deles,
Que à paz presente empresta transparência,
Mais suaviza o que suave pode ser.

Mas também ela se dissolve, se destrói.
Dá transparência. Porém envelheceu.
O colar é um entalhe e não um beijo;

The soft hands are a motion not a touch.
The house will crumble and the books will burn.
They are at ease in a shelter of the mind

And the house is of the mind and they and time,
Together, all together. Boreal night
Will look like frost as it approaches them

And to the mother as she falls asleep
And as they say good-night, good-night. Upstairs
The windows will be lighted, not the rooms.

A wind will spread its windy grandeurs round
And knock like a rifle-butt against the door.
The wind will command them with invincible sound.

IV

Farewell to an idea… The cancellings,
The negations are never final. The father sits
In space, wherever he sits, of bleak regard,

As one that is strong in the bushes of his eyes.
He says no to no and yes to yes. He says yes
To no; and in saying yes he says farewell.

He measures the velocities of change.
He leaps from heaven to heaven more rapidly
Than bad angels leap from heaven to hell in flames.

As mãos macias, movimento e não um toque.
A casa vai cair e os livros vão arder.
Eles estão em paz num refúgio mental

E a casa é mental, eles e o tempo,
Juntos, todos juntos. A noite boreal
Será como geada ao vir a eles

E à mãe que adormece, e eles dão boa-noite,
Boa-noite. No andar de cima, as janelas,
Não os quartos, ficarão iluminadas.

Um vento vai espalhar sua grandeza,
Bater à porta feito coronhada. O vento
Vai comandá-los com um som invencível.

IV

Adeus a uma ideia… As negações,
Cancelamentos, nunca são finais. O pai,
Nalgum espaço de árida contemplação,

Como quem é forte nas matas do olhar,
Diz não ao não e sim ao sim. Diz sim
Ao não; e, ao dizer sim, diz adeus.

Mede as velocidades das mudanças.
Salta de céu a céu bem mais depressa
Que anjos maus de céu a inferno em chamas.

But now he sits in quiet and green-a-day.
He assumes the great speeds of space and flutters them
From cloud to cloudless, cloudless to keen clear

In flights of eye and ear, the highest eye
And the lowest ear, the deep ear that discerns,
At evening, things that attend it until it hears

The supernatural preludes of its own,
At the moment when the angelic eye defines
Its actors approaching, in company, in their masks.

Master O master seated by the fire
And yet in space and motionless and yet
Of motion the ever-brightening origin,

Profound, and yet the king and yet the crown,
Look at this present throne. What company,
In masks, can choir it with the naked wind?

V

The mother invites humanity to her house
And table. The father fetches tellers of tales
And musicians who mute much, muse much, on the tales.

The father fetches negresses to dance,
Among the children, like curious ripenesses
Of pattern in the dance's ripening.

Porém, sentado, agora, em dia verde,
Adota a rapidez do espaço e a faz voar
De nuvem a azul, de azul a limpo intenso

Em voos de olho e ouvido, olho mais alto
E ouvido o mais rasteiro e fundo, que discerne,
À noite, as coisas que o acompanham, até ouvir

Prelúdios seus e sobrenaturais,
No instante em que o olho angélico define
Seus atores que entram, com suas máscaras.

Senhor, senhor ao pé do fogo e no entanto
No espaço e imóvel e no entanto origem
Do movimento, luminosa mais e mais,

Profunda, e no entanto rei e coroa,
Olha este trono presente. Que mascarados
Hão de fazê-lo coro para o vento nu?

v

A mãe convida a humanidade à sua casa
E mesa. O pai chama contadores de contos
E músicos que, mudos, cismam sobre os contos;

Chama negras para dançar entre as crianças,
Dançarinas de um maduro curioso
No desenho do amadurecer da dança.

For these the musicians make insidious tones,
Clawing the sing-song of their instruments.
The children laugh and jangle a tinny time.

The father fetches pageants out of air,
Scenes of the theatre, vistas and blocks of woods
And curtains like a naive pretence of sleep.

Among these the musicians strike the instinctive poem.
The father fetches his unherded herds,
Of barbarous tongue, slavered and panting halves

Of breath, obedient to his trumpet's touch.
This then is Chatillon or as you please.
We stand in the tumult of a festival.

What festival? This loud, disordered mooch?
These hospitaliers? These brute-like guests?
These musicians dubbing at a tragedy,

A-dub, a-dub, which is made up of this:
That there are no lines to speak? There is no play.
Or, the persons act one merely by being here.

VI

It is a theatre floating through the clouds,
Itself a cloud, although of misted rock
And mountains running like water, wave on wave,

Os músicos lhes tangem tons insidiosos,
Unhando a melopeia de seus instrumentos.
As crianças riem em tempo estridente.

O pai invoca préstitos do ar,
Cenas de teatro, panoramas, praticáveis,
Cortinas ingênuas que simulam sono.

Soam os músicos o poema instintivo.
O pai chama seus rebanhos dispersos,
De língua bárbara, babada, em bífida

Arfagem, que atendem a sua trompa.
Eis Chatillon, então, ou o que quiseres.
Estamos no tumulto de um festival.

Que festival? Essa turba barulhenta?
Esses irmãos hospitaleiros e hóspedes
Animalescos? Esses músicos trôpegos

Tateando uma tragédia que consiste
Em não ter falas a dizer? Não há peça.
Ou: O espetáculo é só estar aqui.

VI

É um teatro flutuando entre as nuvens,
É nuvem, embora pedra enevoada
E morros fluidos como água, onda a onda,

Through waves of light. It is of cloud transformed
To cloud transformed again, idly, the way
A season changes color to no end,

Except the lavishing of itself in change,
As light changes yellow into gold and gold
To its opal elements and fire's delight,

Splashed wide-wise because it likes magnificence
And the solemn pleasures of magnificent space.
The cloud drifts idly through half-thought-of forms.

The theatre is filled with flying birds,
Wild wedges, as of a volcano's smoke, palm-eyed
And vanishing, a web in a corridor

Or massive portico. A capitol,
It may be, is emerging or has just
Collapsed. The denouement has to be postponed...

This is nothing until in a single man contained,
Nothing until this named thing nameless is
And is destroyed. He opens the door of his house

On flames. The scholar of one candle sees
An Arctic effulgence flaring on the frame
Of everything he is. And he feels afraid.

Ondas de luz. É de nuvem transformada
Em nuvem retransformada, ociosa,
Como estação que muda as cores sem razão

Pelo puro prazer de transformar,
Qual luz que do amarelo gera ouro, e o ouro
Reduz a opalino e fogo alegre,

Esparramado por amor ao esplendor
E ao prazer solene do espaço esplêndido.
Ociosa, a nuvem assume formas mal pensadas.

O teatro se enche de aves a voar,
Ângulos loucos, qual fumaça de vulcão,
Olhos de palma, e some, teia em corredor

Ou pórtico imenso. Um capitólio, talvez,
Está surgindo, ou ainda há pouco desabou.
É preciso adiar o desenlace...

Isto não é nada até conter-se num só homem,
Até a coisa nomeada ser sem-nome
E destruída. Ele abre a porta de sua casa

Em chamas. Sábio de uma vela só,
Vê um brilho ártico sobre a estrutura
De tudo que ele é. E sente medo.

VII

Is there an imagination that sits enthroned
As grim as it is benevolent, the just
And the unjust, which in the midst of summer stops

To imagine winter? When the leaves are dead,
Does it take its place in the north and enfold itself,
Goat-leaper, crystalled and luminous, sitting

In highest night? And do these heavens adorn
And proclaim it, the white creator of black, jetted
By extinguishings, even of planets as may be,

Even of earth, even of sight, in snow,
Except as needed by way of majesty,
In the sky, as crown and diamond cabala?

It leaps through us, through all our heavens leaps,
Extinguishing our planets, one by one,
Leaving, of where we were and looked, of where

We knew each other and of each other thought,
A shivering residue, chilled and foregone,
Except for that crown and mystical cabala.

But it dare not leap by chance in its own dark.
It must change from destiny to slight caprice.
And thus its jetted tragedy, its stele

VII

Haverá uma imaginação entronada
Tão implacável quanto é benévola,
Justa e injusta, que pare em pleno verão

Pra imaginar o inverno? Quando as folhas caem,
Será que ocupa o seu lugar ao norte e dobra-se,
Caprissaltante, cristalada e luminosa,

No mais alto da noite? E esses céus a adornam
E proclamam, branca criadora do negro,
Cravejada de extinções, talvez de planetas,

Até da terra, da visão, na neve,
Salvo o que exige a sua majestade,
No céu, coroa e cabala diamantina?

Pula através de nós, de todos os nossos céus,
Extingue nossos planetas, um por um,
E deixa, de onde estávamos e olhávamos,

E cada um no outro pensava e o conhecia,
Um arrepio de resto, frio e antevisto,
Salvo a coroa e mística cabala. Mas

Saltar não ousa, a esmo, em sua própria treva.
Tem de trocar destino por capricho.
Daí sua negra tragédia, sua estela

And shape and mournful making move to find
What must unmake it and, at last, what can,
Say, a flippant communication under the moon.

VIII

There may be always a time of innocence.
There is never a place. Or if there is no time,
If it is not a thing of time, nor of place,

Existing in the idea of it, alone,
In the sense against calamity, it is not
Less real. For the oldest and coldest philosopher,

There is or may be a time of innocence
As pure principle. Its nature is its end,
That it should be, and yet not be, a thing

That pinches the pity of the pitiful man,
Like a book at evening beautiful but untrue,
Like a book on rising beautiful and true.

It is like a thing of ether that exists
Almost as predicate. But it exists,
It exists, it is visible, it is, it is.

So, then, these lights are not a spell of light,
A saying out of a cloud, but innocence.
An innocence of the earth and no false sign

E forma e busca melancólica daquilo
Que há de, e pode, ser seu fim, enfim,
Talvez um comentário cínico ao luar.

VIII

Sempre pode haver tempo de inocência,
Nunca lugar. Ou, se tempo não houver,
Nem por não ser coisa de tempo nem lugar,

Existente como ideia apenas, consciência
Que repele o desastre, é menos real.
Para filósofo o mais velho e gélido,

Há ou pode haver tempo de inocência
Puro princípio, cuja essência é seu fim,
O ser, e no entanto não ser, uma coisa

Que apela à piedade do piedoso,
Como livro ao entardecer belo mas falso,
Como livro ao despertar belo e vero.

É como coisa etérea que existe
Quase como predicado. Porém
Ela existe, é visível, é e é.

Assim, estas luzes não são magia da luz,
Fala de nuvem, porém inocência.
Uma inocência da terra, não signo falso

Or symbol of malice. That we partake thereof,
Lie down like children in this holiness,
As if, awake, we lay in the quiet of sleep,

As if the innocent mother sang in the dark
Of the room and on an accordion, half-heard,
Created the time and place in which we breathed...

IX

And of each other thought — in the idiom
Of the work, in the idiom of an innocent earth,
Not of the enigma of the guilty dream.

We were as Danes in Denmark all day long
And knew each other well, hale-hearted landsmen,
For whom the outlandish was another day

Of the week, queerer than Sunday. We thought alike
And that made brothers of us in a home
In which we fed on being brothers, fed

And fattened as on a decorous honeycomb.
This drama that we live — We lay sticky with sleep.
This sense of the activity of fate —

The rendezvous, when she came alone,
By her coming became a freedom of the two,
An isolation which only the two could share.

Nem símbolo de mal. Dela provamos,
Crianças, nos deitamos nessa santidade,
Como quem, acordado, jaz na paz do sono,

Como se a mãe cantasse, inocente, no escuro
Do quarto, e num acordeão baixinho
Criasse o tempo e o espaço em que respiramos...

IX

E no outro cada um pensava — no idioma
Do trabalho, de uma terra inocente,
Não do enigma do sonho culposo.

Como dinamarqueses na Dinamarca,
Compatriotas sãos, que bem nos conhecíamos,
Pra nós o extravagante era um dia útil,

Mais estranho que domingo. Concordávamos
Em tudo: éramos irmãos num lar
No qual o ser irmão era alimento,

Como quem come um favo decoroso. O drama
Que vivemos — Nos melávamos de sono.
A sensação de atividade do destino —

O encontro marcado, quando ela vinha só,
Por ela vir virava liberdade a dois,
Isolamento que só dois podem gozar.

Shall we be found hanging in the trees next spring?
Of what disaster is this the imminence:
Bare limbs, bare trees and a wind as sharp as salt?

The stars are putting on their glittering belts.
They throw around their shoulders cloaks that flash
Like a great shadow's last embellishment.

It may come tomorrow in the simplest word,
Almost as part of innocence, almost,
Almost as the tenderest and the truest part.

X

An unhappy people in a happy world —
Read, rabbi, the phases of this difference.
An unhappy people in an unhappy world —

Here are too many mirrors for misery.
A happy people in an unhappy world —
It cannot be. There's nothing there to roll

On the expressive tongue, the finding fang.
A happy people in a happy world —
Buffo! A ball, an opera, a bar.

Turn back to where we were when we began:
An unhappy people in a happy world.
Now, solemnize the secretive syllables.

Nos acharão na primavera enforcados
Nas árvores? De que desastre isto é iminência:
Galhos nus, vento cortante como sal?

Vestem as estrelas seus cintos cintilantes.
Jogam nos ombros mantos que reluzem
Como último ornamento de uma grande sombra.

Talvez venha amanhã na palavra mais simples,
Quase como parte da inocência, quase isso,
Quase parte a mais terna e verdadeira.

x

Gente infeliz num mundo feliz —
Rabino, lê as fases dessa diferença.
Gente infeliz num mundo infeliz —

Aqui há espelhos demais para a dor.
Gente feliz num mundo infeliz —
Não pode ser. Aqui não há nada que deleite

A língua expressiva, o dente inquisidor.
Gente feliz num mundo feliz —
Bufão! Um baile, uma ópera, um bar.

Voltemos ao lugar de onde partimos:
Gente infeliz num mundo feliz.
Agora soleniza as sílabas solertes.

Read to the congregation, for today
And for tomorrow, this extremity,
This contrivance of the spectre of the spheres,

Contriving balance to contrive a whole,
The vital, the never-failing genius,
Fulfilling his meditations, great and small.

In these unhappy he meditates a whole,
The full of fortune and the full of fate,
As if he lived all lives, that he might know,

In hall harridan, not hushful paradise,
To a haggling of wind and weather, by these lights
Like a blaze of summer straw, in winter's nick.

Lê pra congregação, hoje e amanhã,
Esse exagero, essa maquinação
Do espectro das esferas, maquinando

O equilíbrio a fim de maquinar um todo,
Gênio vital, que nunca falha e realiza
Suas meditações, quer grandes, quer pequenas.

Nelas ele medita, infeliz, um todo,
O pleno do fado e o pleno da fortuna,
Como quem vive as vidas todas, pra saber,

Em mansão megera, não silente éden,
Na arenga do vento, neste céu em chamas
Qual palha de verão a arder em pleno inverno.

Large Red Man Reading

There were ghosts that returned to earth to hear his phrases,
As he sat there reading, aloud, the great blue tabulae.
They were those from the wilderness of stars that had expected more.

There were those that returned to hear him read from the poem of life,
Of the pans above the stove, the pots on the table, the tulips among
[them.
They were those that would have wept to step barefoot into reality,

That would have wept and been happy, have shivered in the frost
And cried out to feel it again, have run fingers over leaves
And against the most coiled thorn, have seized on what was ugly

And laughed, as he sat there reading, from out of the purple tabulae,
The outlines of being and its expressings, the syllables of its law:
Poesis, poesis, *the literal characters, the vatic lines,*

Which in those ears and in those thin, those spended hearts,
Took on color, took on shape and the size of things as they are
And spoke the feeling for them, which was what they had lacked.

Homenzarrão vermelho lendo

Eram fantasmas que voltavam à terra para ouvir suas palavras,
Enquanto ele, sentado, lia, em voz alta, as grandes tábulas azuis.
Eram os que vinham do deserto de estrelas e que esperavam
[mais.

Eram os que voltavam para ouvi-lo ler o poema da vida,
Das panelas no fogão, as travessas na mesa, as tulipas entre elas.
Eram os que haveriam de chorar ao adentrar descalços na rea-
[lidade,

Chorar e ser felizes, estremecer no frio do inverno
E gritar por senti-lo outra vez, correr os dedos pelas folhas
E do espinheiro mais enrodilhado, agarrar o que fosse feio

E rir, enquanto ele lia, as grandes tábulas púrpuras,
Os contornos do ser e suas expressões, as sílabas da sua lei:
Poesis, *poesis*, os caracteres literais, os versos váticos,

Que naqueles ouvidos, e naqueles corações magros e exaustos,
Ganhavam cor, ganhavam forma e vulto das coisas como são
E diziam do sentimento por elas, que era o que lhes faltava.

Angel Surrounded by Paysans

One of the countrymen:
>   There is
> A welcome at the door to which no one comes?

The angel:
> I am the angel of reality,
> Seen for the moment standing in the door.
>
> I have neither ashen wing nor wear of ore
> And live without a tepid aureole,
>
> Or stars that follow me, not to attend,
> But, of my being and its knowing, part.
>
> I am one of you and being one of you
> Is being and knowing what I am and know.
>
> Yet I am the necessary angel of earth,
> Since, in my sight, you see the earth again,
>
> Cleared of its stiff and stubborn, man-locked set,
> And, in my hearing, you hear its tragic drone
>
> Rise liquidly in liquid lingerings
> Like watery words awash; like meanings said
>
> By repetitions of half-meanings. Am I not,
> Myself, only half of a figure of a sort,

Anjo cercado por *paysans*

Um dos campônios:
                        Há
    Boas-vindas à porta pra ninguém?

O anjo:
    Eu sou o anjo da realidade,
    Visto por um instante na soleira.

    Asa de cinza nem traje áureo tenho
    E vivo sem nenhuma auréola tépida,

    Nem estrelas que me seguem, porém
    Do meu ser e seu saber, fazem parte.

    Sou um de vós, e o ser um de vós
    É ser e saber o que sou e sei.

    No entanto, sou o anjo necessário da terra,
    Pois, ao me ver, vedes a terra outra vez,

    Sem seu cenário duro, travado pelos homens,
    E, ao me ouvir, ouvis seu trágico bordão

    A elevar-se leve em olas líquidas,
    Como sílabas em líquido enlevo, ou sentidos

    Ditos em meios sentidos repetidos.
    Pois não sou eu senão meia figura,

*A figure half seen, or seen for a moment, a man
Of the mind, an apparition apparelled in*

*Apparels of such lightest look that a turn
Of my shoulder and quickly, too quickly, I am gone?*

Vulto entrevisto, ou visto por um instante, homem
Mental, aparição aparecida em

Vestes tão pouco visíveis que basta virar
O ombro, e mais que depressa desapareço?

DE *THE ROCK*

To an Old Philosopher in Rome

On the threshold of heaven, the figures in the street
Become the figures of heaven, the majestic movement
Of men growing small in the distances of space,
Singing, with smaller and still smaller sound,
Unintelligible absolution and an end —

The threshold, Rome, and that more merciful Rome
Beyond, the two alike in the make of the mind.
It is as if in a human dignity
Two parallels become one, a perspective, of which
Men are part both in the inch and in the mile.

How easily the blown banners change to wings...
Things dark on the horizons of perception,
Become accompaniments of fortune, but
Of the fortune of the spirit, beyond the eye,
Not of its sphere, and yet not far beyond,

The human end in the spirit's greatest reach,
The extreme of the known in the presence of the extreme
Of the unknown. The newsboys' muttering
Becomes another murmuring; the smell
Of medicine, a fragrantness not to be spoiled...

The bed, the books, the chair, the moving nuns,
The candle as it evades the sight, these are
The sources of happiness in the shape of Rome,

Para um velho filósofo em Roma

No limiar do céu, as figuras na rua
Viram figuras do céu, moto majestoso
De homens a diminuir nas distâncias do espaço,
Cantando, um som diminuto, mais e mais,
Absolvição inescrutável, fim —

O limiar, Roma, e aquela mais piedosa
Roma além, as duas símeis no molde da mente.
É como se, em humana dignidade, se unissem
Duas paralelas numa só, uma perspectiva, à qual
Os homens pertencessem no milímetro e na milha.

Bandeiras ao vento viram asas tão depressa...
Coisas escuras no horizonte da percepção
Viram acompanhantes da fortuna, porém
Dos afortunados do espírito, além da vista,
Não da sua esfera, mas não muito além dela,

O fim humano no limite máximo do espírito,
O extremo conhecido na presença do extremo
Incógnito. O murmúrio dos meninos jornaleiros
Vira um murmúrio outro; o cheiro do remédio,
Uma fragrância que é preciso conservar...

A cama, os livros, a cadeira, as freiras buliçosas,
A vela que se evade à visão — estas
As fontes da felicidade em forma de Roma,

A shape within the ancient circles of shapes,
And these beneath the shadow of a shape

In a confusion on bed and books, a portent
On the chair, a moving transparence on the nuns,
A light on the candle tearing against the wick
To join a hovering excellence, to escape
From fire and be part only of that of which

Fire is the symbol: the celestial possible.
Speak to your pillow as if it was yourself.
Be orator but with an accurate tongue
And without eloquence, O, half-asleep,
Of the pity that is the memorial of this room,

So that we feel, in this illumined large,
The veritable small, so that each of us
Beholds himself in you, and hears his voice
In yours, master and commiserable man,
Intent on your particles of nether-do,

Your dozing in the depths of wakefulness,
In the warmth of your bed, at the edge of your chair, alive
Yet living in two worlds, impenitent
As to one, and, as to one, most penitent,
Impatient for the grandeur that you need

In so much misery; and yet finding it
Only in misery, the afflatus of ruin,
Profound poetry of the poor and of the dead,

Forma dentro dos círculos antigos das formas,
E estas sob a sombra de uma forma

Num caos de cama e livros, um portento
Na cadeira, transparência buliçosa sobre as freiras,
Luz na vela irrompendo do pavio
A juntar-se a uma excelência adejante,
Fugir do fogo, virar parte apenas daquilo

De que o fogo é símbolo: o possível celestial.
Fala com teu travesseiro como quem fala a si.
Sê orador, mas com língua precisa
E sem eloquência, ah, em semissono,
Da piedade que é o memento deste quarto,

Para que nós, nesse imenso iluminado,
Sintamos o vero mínimo, cada um
Vendo a si próprio em ti, e ouvindo a própria voz
Na tua, mestre e homem miserando, atento
A tuas partículas de ínfera fez,

Teus cochilos na vigília mais profunda,
Na quentura da cama, beira da cadeira, vivo
Porém vivente em dois mundos, impenitente
Quanto a um, e, ao outro, penitentíssimo,
Impaciente pela grandeza de que careces

Entre tanta aflição; mas encontrando-a
Somente na aflição, no estro da ruína,
Profunda poesia dos pobres e dos mortos,

As in the last drop of the deepest blood,
As it falls from the heart and lies there to be seen,

Even as the blood of an empire, it might be,
For a citizen of heaven though still of Rome.
It is poverty's speech that seeks us out the most.
It is older than the oldest speech of Rome.
This is the tragic accent of the scene.

And you — it is you that speak it, without speech,
The loftiest syllables among loftiest things,
The one invulnerable man among
Crude captains, the naked majesty, if you like,
Of bird-nest arches and of rain-stained-vaults.

The sounds drift in. The buildings are remembered.
The life of the city never lets go, nor do you
Ever want it to. It is part of the life in your room.
Its domes are the architecture of your bed.
The bells keep on repeating solemn names

In choruses and choirs of choruses,
Unwilling that mercy should be a mystery
Of silence, that any solitude of sense
Should give you more than their peculiar chords
And reverberations clinging to whisper still.

It is a kind of total grandeur at the end,
With every visible thing enlarged and yet
No more than a bed, a chair and moving nuns,

Qual na gota última do sangue mais profundo,
Quando ela cai do coração e se revela à vista,

Ou mesmo sangue de um império, talvez,
Para um cidadão do céu, embora ainda de Roma.
É a fala da pobreza que mais nos atinge.
É mais velha que a mais velha fala de Roma.
Este é o acento trágico da cena.

E tu — é tu que a falas, sem falar, sílabas
As mais excelsas entre as coisas mais excelsas,
Único homem invulnerável entre
Crassos capitães, nua majestade, se te apraz,
De arcos de ninhos e domos manchados de chuva.

Os sons entram no quarto. Os prédios são lembrados.
A vida da cidade não se esvai jamais, nem tu
Desejas tal. Faz parte da vida de teu quarto.
Suas cúpulas, arquitetura de tua cama.
Sinos repetem sem parar nomes solenes

Em coros e corais de coros, para não
Deixar que a piedade seja um mistério
Do silêncio, que uma solidão de sentido
A ti dê mais que seus acordes ínsitos
E reverberações ainda apegadas ao sussurro.

É como uma grandeza total ao fim,
Cada coisa visível aumentada, entanto
Não mais que cama, cadeira, freiras buliçosas,

The immensest theatre, and pillared porch,
The book and candle in your ambered room,

Total grandeur of a total edifice,
Chosen by an inquisitor of structures
For himself. He stops upon this threshold,
As if the design of all his words takes form
And frame from thinking and is realized.

Teatro o mais imenso, a colunata,
Livro e vela em teu quarto imerso em âmbar,

Total grandeza de um edifício total,
Eleito por um inquisidor de estruturas
Para si. Ele detém-se no limiar, como se
O intento de tudo que ele disse ganhasse forma
E força do pensar, e assim se realizasse.

The Planet on the Table

Ariel was glad he had written his poems.
They were of a remembered time
Or of something seen that he liked.

Other makings of the sun
Were waste and welter
And the ripe shrub writhed.

His self and the sun were one
And his poems, although makings of his self,
Were no less makings of the sun.

It was not important that they survive.
What mattered was that they should bear
Some lineament or character,

Some affluence, if only half-perceived,
In the poverty of their words,
Of the planet of which they were part.

O planeta na mesa

Ariel gostou de ter escrito seus poemas.
Eram de um tempo relembrado
Ou de algo visto que o agradara.

Outros feitos do sol
Eram agrura e tumulto
E o arbusto maduro retorcido.

Seu ser e o sol eram um só
E seus poemas, embora feitos de seu ser,
Não eram menos feitos do sol.

Que perdurassem não era importante.
O importante era que portassem
Algum traço ou caráter,

Uma afluência, mesmo quase imperceptível,
Na pobreza de suas palavras,
Do planeta do qual faziam parte.

ÚLTIMOS POEMAS

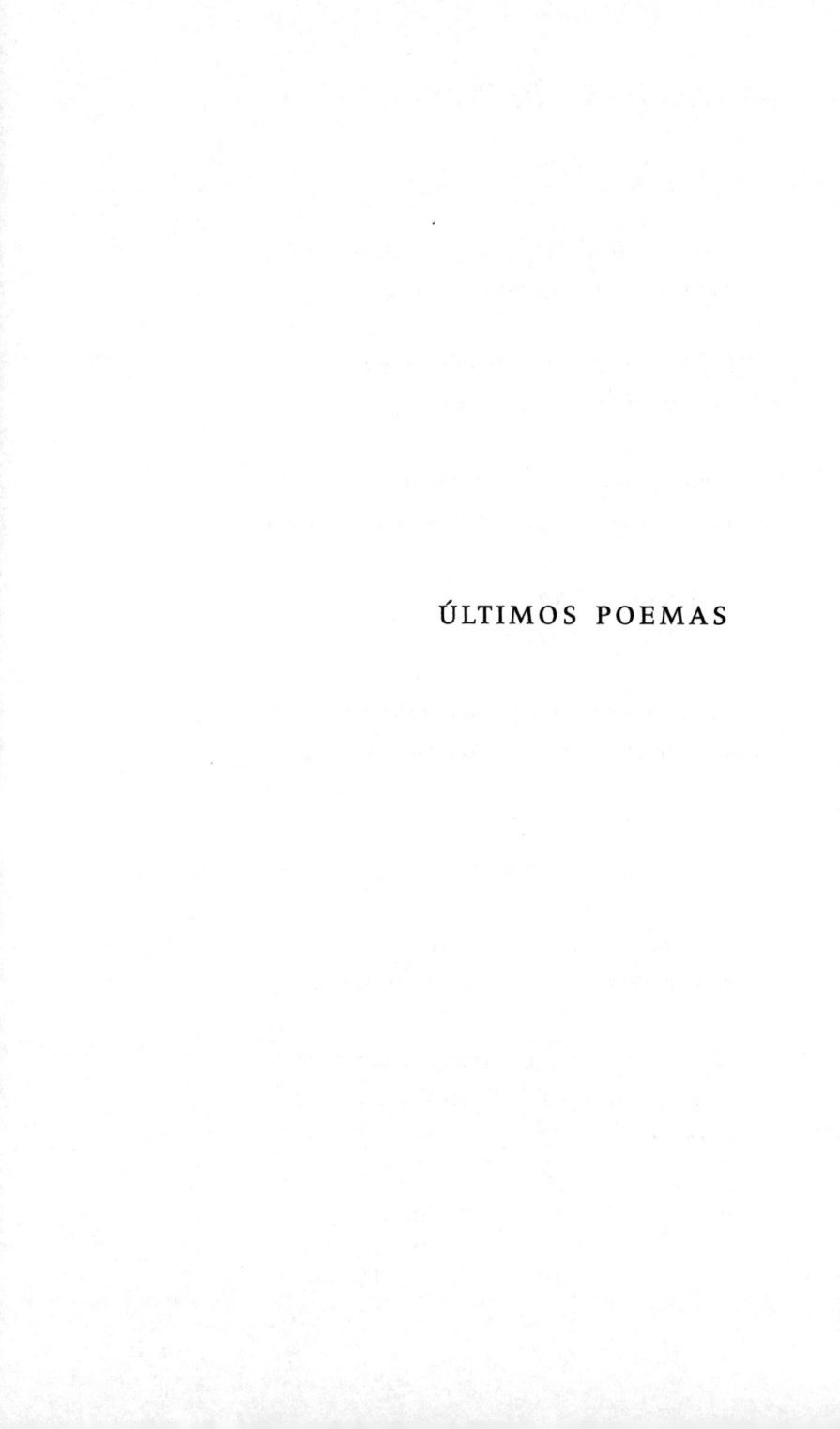

As You Leave the Room

You speak. You say: *Today's character is not*
A skeleton out of its cabinet. Nor am I.

That poem about the pineapple, the one
About the mind as never satisfied,

The one about the credible hero, the one
About summer, are not what skeletons think about.

I wonder, have I lived a skeleton's life,
As a disbeliever in reality,

A countryman of all the bones in the world?
Now, here, the snow I had forgotten becomes

Part of a major reality, part of
An appreciation of a reality

And thus an elevation, as if I left
With something I could touch, touch every way.

And yet nothing has been changed except what is
Unreal, as if nothing had been changed at all.

Ao sair da sala

Você fala. Diz: O caráter do agora não é
Esqueleto saído do estojo. Eu também não.

Aquele poema sobre o abacaxi, aquele
Sobre a mente sempre insatisfeita,

Aquele sobre o herói plausível, e o outro
Sobre o verão, não são pensamentos de esqueleto.

Terei eu vivido uma vida de esqueleto,
De um descrente da realidade,

Compatriota de todos os ossos do mundo?
Agora, aqui, a neve que eu esquecera se transforma

Em parte de uma realidade maior,
De uma apreciação de uma realidade,

Uma elevação, portanto, como se eu levasse,
Ao sair, algo palpável em todos os sentidos.

Porém nada mudou além do que é
Irreal, como se coisa alguma tivesse mudado.

The Course of a Particular

Today the leaves cry, hanging on branches swept by wind,
Yet the nothingness of winter becomes a little less.
It is still full of icy shades and shapen snow.

The leaves cry... One holds off and merely hears the cry.
It is a busy cry, concerning someone else.
And though one says that one is part of everything,

There is a conflict, there is a resistance involved;
And being part is an exertion that declines:
One feels the life of that which gives life as it is.

The leaves cry. It is not a cry of divine attention,
Nor the smoke-drift of puffed-out heroes, nor human cry.
It is the cry of leaves that do not transcend themselves,

In the absence of fantasia, without meaning more
Than they are in the final finding of the ear, in the thing
Itself, until, at last, the cry concerns no one at all.

O percurso de um pormenor

Hoje as folhas gritam, em galhos que o vento varre,
Porém o nada do inverno atenua um pouco,
Ainda pleno de sombras frias e neve moldada.

As folhas gritam... Há que conter-se e ouvir apenas.
É um grito prático, que diz algo a outro alguém.
E mesmo em quem se diz parte do todo

Há um conflito, há uma resistência aqui,
E ser parte é um esforço que declina:
Sente-se a vida do que dá a vida tal qual é.

As folhas gritam. Não é grito de atenção divina,
Nem fumaça de herói que se extinguiu, nem grito humano.
É grito de folhas que não se transcendem,

Na ausência da fantasia, dizendo apenas
Que estão na descoberta última do ouvido, na coisa
Em si, até que o grito, enfim, não diz nada a ninguém.

Of Mere Being

The palm at the end of the mind,
Beyond the last thought, rises
In the bronze decor,

A gold-feathered bird
Sings in the palm, without human meaning,
Without human feeling, a foreign song.

You know then that it is not the reason
That makes us happy or unhappy.
The bird sings. Its feathers shine.

The palm stands on the edge of space.
The wind moves slowly in the branches.
The bird's fire-fangled feathers dangle down.

Meramente ser

A palmeira no final da mente,
Além do pensamento último, se eleva
No brônzeo cenário,

Um pássaro de penas de ouro
Canta na palmeira, sem sentido humano,
Sem sentimento humano, um canto estrangeiro.

Então você entende que não é a razão
Que nos traz tristeza ou alegria.
O pássaro canta. As penas brilham.

A palmeira paira no limiar do espaço.
O vento roça devagar seus galhos.
As penas de ouro do pássaro resplendem fogo.

POEMAS NÃO REUNIDOS
EM LIVRO PELO AUTOR

Song

There are great things doing
In the world,
Little rabbit.
There is a damsel,
Sweeter than the sound of the willow,
Dearer than shallow water
Flowing over pebbles.
Of a Sunday,
She wears a long coat,
With twelve buttons on it.
Tell that to your mother.

Canção

Há coisas esplêndidas acontecendo
No mundo,
Coelhinho.
Há uma donzela,
Mais doce que o som do salgueiro,
Mais suave que água rasa
Correndo sobre seixos.
No domingo,
Ela veste um casaco longo,
Com doze botões.
Conta isso à tua mãe.

Gray Room

*Although you sit in a room that is gray,
Except for the silver
Of the straw-paper,
And pick
At your pale white gown;
Or lift one of the green beads
Of your necklace,
To let it fall;
Or gaze at your green fan
Printed with the red branches of a red willow;
Or, with one finger,
Move the leaf in the bowl —
The leaf that has fallen from the branches of the forsythia
Beside you...
What is all this?
I know how furiously your heart is beating.*

Sala cinzenta

Embora estejas numa sala que é cinzenta,
Tirando o prateado
Do papel de palha,
E dedilhes
Teu lívido vestido branco;
E levantes uma conta verde
De teu colar,
Para depois soltá-la;
Ou contemples teu leque verde
Com estampado de galhos de um salgueiro vermelho;
Ou, com um só dedo,
Mexas na folha no vaso —
A folha caída dos ramos da forsítia
A teu lado...
O que é tudo isso?
Eu sei da fúria com que bate o teu coração.

From Lettres d'un soldat (*1914-1918*)

I

7 septembre
... Nous sommes embarqués dans l'aventure, sans aucune sensation dominante, sauf peut-être une acceptation assez belle de la fatalité...

Common Soldier

No introspective chaos... I accept:
War, too, although I do not understand.
And that, then, is my final aphorism.

I have been pupil under bishops' rods
And got my learning from the orthodox.
I mark the virtue of the common-place.

I take all things as stated — so and so
Of men and earth: I quote the line and page,
I quote the very phrase my masters used.

If I should fall, as soldier, I know well
The final pulse of blood from this good heart
Would taste, precisely, as they said it would.

De *Lettres d'un soldat* (1914-1918)

I

7 septembre
... Nous sommes embarqués dans l'aventure, sans aucune sensation dominante, sauf peut-être une acceptation assez belle de la fatalité...

Soldado Raso

Nada de caos de introspecção... aceito,
Também, a guerra, embora não a entenda.
É este, pois, meu último aforismo.

Estudei sob os báculos dos bispos,
E com os ortodoxos aprendi.
Guardo a virtude do lugar-comum.

A tudo tomo tal como me é dito.
A terra, os homens: cito a linha e a página,
A frase exata que meu mestre usou.

Se eu tombar em batalha, sei que o gosto
Da gota final do meu sangue bom
Será tal qual disseram que seria.

Notas

As notas que seguem têm a função básica de elucidar referências, mas também especificam algumas características do poema e comentam o que se tentou fazer — e o que não foi possível realizar — na tradução.
Estrofes e versos são identificados por letras maiúsculas e números, respectivamente. Assim, B4 significa "segunda estrofe, quarto verso". Adota-se também a marcação de seções e subseções com algarismos romanos no caso de alguns dos poemas longos. Em "Apontamentos para uma ficção suprema", o número em algarismos romanos maiúsculos indica a divisão do poema em três partes, e o número em minúsculos designa a subseção dentro de cada parte.

"Predomínio do negro"

Visualmente, o poema trabalha com o contraste entre as cores dos pavões e a cor dos *hemlocks*, árvores coníferas de um tom de verde-escuro, da mesma família que os pinheiros. No plano sonoro, temos a rima (incompleta, só rimando as átonas finais) entre *peacocks* ("pavões") e *hemlocks*. Mas há, no plano semântico, uma conotação sinistra em *hemlock*, palavra que também designa a cicuta, algo que não se conseguiu reproduzir na tradução. Perde-se também um rico jogo de conotações do verbo *turn*, que além de "girar" tem o sentido de "transformar-se" e — especificamente no caso de folhas de árvores no outono — "assumir uma cor amarelada ou avermelhada". Poema em versos livres, com uso intensivo da anáfora.

"O homem de neve"

Vindo em *Harmonium* logo depois de "Domination of Black", este poema, segundo Cook,[1] estabelece um contraste com o anterior em vários planos: negro *vs.* branco, pretérito *vs.* presente, eu *vs.* uma pessoa genérica etc. Lensing observa que as imagens hibernais como metáforas do nada reaparecem num dos últimos poemas de Stevens, "The Course of a Particular" ("O percurso de um pormenor").[2] Versos livres, três a cinco acentos por verso.

"Os vermes aos portões do paraíso"

Badrulbadrur é o nome da princesa que Aladim desposa, nas *Mil e uma noites*. O poema é composto em pentâmetro jâmbico regular; a tradução utiliza decassílabos um tanto menos regulares que os versos do original.

---

[1] Eleanor Cook, *A Reader's Guide to Wallace Stevens*. Princeton e Oxford: Princeton University Press, 2007, pp. 35-6.
[2] George S. Lensing, "Stevens' Seasonal Cycles". In: SERIO, John N. (Org.). *The Cambridge Companion to Wallace Stevens*. Cambridge (Reino Unido): Cambridge University Press, 2007, p. 123.

"O céu concebido como um túmulo"

Poema que ironiza a ideia de vida após a morte, como "Sunday Morning" ("Manhã de domingo"). Também em pentâmetro jâmbico com algumas licenças, vertido em decassílabos também um pouco irregulares.
A15. Élysée: "elísio" em francês.

"Depressão antes da primavera"

Concentração máxima de efeitos sonoros, imagens surpreendentes e verso livre de qualquer vestígio de metrificação tradicional, tal como o verso de seus contemporâneos Williams e Pound. Observe-se a rima interna na última estrofe, mantida na tradução. As onomatopeias do original são francesas: "ki-ki-ri-ki" é a voz do galo, e "rou-cou" é o arrulho da pomba. Vendler lê este poema à luz de vários outros que tematizam a desilusão amorosa: comenta que "a pomba é a pomba de Vênus": "o amanhecer anunciado pelo canto do galo não traz nenhuma rainha verde para o poeta abandonado".[3]

"O imperador do sorvete"

Esta pequena obra-prima é um dos poemas mais comentados e analisados da obra de Stevens. Na leitura de Vendler, "morte e vida coexistem lado a lado. Choca-nos a rudeza des-

---

[3] Helen Vendler, *Wallace Stevens: Words Chosen Out of Desire*. Knoxville: University of Tennessee Press, 1984, p. 54.

se fato, e repele-nos a fisicalidade grosseira da morte e a avidez animalesca da vida. [...] A angústia do poema é a angústia diante da previsibilidade absoluta da emoção, tal como a da situação". A lâmpada implacável que impõe a realidade acima das aparências "é o único imperador".[4] Cook cita uma carta de Stevens: "A realidade final não é a morte e sim a vida, tal como é, sem quaisquer pretensões".[5] Versos em sua maioria com três ou quatro acentos cada, sendo o estribilho (A8, B8) mais longo e irregular que os outros; rimas completas em A7-A8, B5-B6 e B7-B8. A tradução usa versos de oito a doze sílabas, com um estribilho mais longo, e mantém as rimas, mas nem sempre são rimas completas, como são no original.

"Desilusão das dez horas"

Este elogio à extravagância da imaginação, em oposição à mesmice do cotidiano, é um dos primeiros exemplos, na obra de Stevens, do uso da "negação como forma de argumentação", observa Cook.[6] Versos curtos, com ritmo bem marcado, muitas anáforas.

"Manhã de domingo"

Um dos poemas fundamentais de Stevens, que inicia com o questionamento do mito cristão e termina com a afirmação da beleza da vida, argumentando que só somos capazes de

---

4 Ibid., p. 52.
5 Cook, op. cit., p. 61.
6 Ibid., p. 63.

percebê-la por sermos mortais: "a morte é a mãe do belo" (v, 3 e vi, 13).

Esta é a versão do poema que foi publicada em *Harmonium*. Ele já havia saído na revista *Poetry* em 1915, contendo apenas as atuais seções i, viii, iv, v e vii, nessa ordem. As seções excluídas já tinham sido escritas; segundo Joan Richardson, porém, ficaram de fora porque Harriet Monroe, a editora de *Poetry*, julgou que "elas apresentavam do modo mais explícito [...] um questionamento direto da visão cristã da vida".[7]

Estrofes de quinze versos, pentâmetros jâmbicos, em que o metro é mantido com um rigor clássico; a tradução é em decassílabos predominantemente heroicos.

"Caso do jarro"

Para Vendler,[8] o poema tem a ver com o lamento de Henry James, um dos escritores prediletos de Stevens, para quem os Estados Unidos, em comparação com a Europa, eram um cenário histórico e cultural pobre demais para um artista. Assim, o poema oscila entre uma linguagem mais elevada, importada da Europa, e expressões bem diretas, bem como a menção ao Tennessee, que apontam para a América no que ela tem de mais rude e provinciano. Do mesmo modo, o poema tenta assumir formas regulares e não consegue, estabelecendo um metro nos três primeiros versos, mas rompendo o contrato métrico logo em seguida e usando rimas irregulares

---

7 Joan Richardson, *Wallace Stevens: The Early Years*. Nova York: Beech Tree Books, 1986, p. 437.
8 Vendler, op. cit., pp. 45-6.

— efeitos que se tentou reproduzir na tradução, na medida do possível. O jarro "cinzento e nu", segundo Vendler, deve ser visto como uma contraparte americana à urna grega da famosa ode de Keats. O poema afirma, porém, que basta um jarro simples "para se tornar centro e força ordenadora" e fazer com que "a arte humana predomine sobre a natureza".[9]

"Palácio dos bebês"

Um poema que indica que a afirmação da realidade e a refutação dos mitos religiosos não implicam que se esteja negando a imaginação; o "incréu" do poema é justamente a pessoa desprovida de imaginação. O original é em pentâmetro jâmbico, com algumas irregularidades.

A2. Sobre a palavra *serafin*, o *New Oxford English Dictionary* a apresenta como uma grafia alternativa de *seraphin*, que seria "uma moeda de prata outrora usada na Índia", e deriva o termo do português *xerafim* ou *xarafim*, por sua vez derivado do árabe *sharīfī*. O contexto em que o termo surge — "*gates of hammered serafin*" — parece favorecer essa leitura: os portões seriam feitos de moedas de prata marteladas. Para Leona Marie Deorksen, o rebaixamento dos serafins para a condição de "metal martelado significa a natureza de puro artefato da sua existência".[10] Em inglês, a grafia *serafin* ao mesmo tempo

---

9 Cook, op. cit., p. 67.
10 Leona Marie Deorksen, "An Always Incipient Cosmos: A Reading of Wallace Stevens". Tese de doutorado. Memorial University of Newfoundland, 1969, mimeo., p. 32. Disponível em: <http://collections.mun.ca/PDFs/theses/Deorksen_LeonaMarie.pdf>. Acesso em: 10 fev. 2016.

distingue o termo de *seraphim*, "anjo", e evoca a ideia de anjo. Em português, o uso de "xerafim" talvez causasse uma estranheza excessiva, motivo pelo qual se optou por "serafim", que tem a desvantagem de remeter diretamente a "anjo", sem nenhuma diferenciação, ainda mais por ter sido suprimido *hammered*. Uma tradução alternativa do verso — "Junto aos portões de prata martelada" — foi descartada porque excluía toda e qualquer associação com anjos.

D4. Há aqui um jogo de palavras intraduzível: *fold* é tanto "dobra" quanto "rebanho", de modo que o sentido literal do verso pode ser tanto "Era porque a noite cuidava deles/ os aleitava em sua dobra", imaginando-se a noite como uma espécie de manto, quanto "Era porque a noite cuidava deles/ os aleitava em seu rebanho", sendo aqui a noite concebida como um pastor. (Note-se também o duplo sentido de *nurse*, "amamentar" ou "cuidar de, como faz uma enfermeira ou ama".)

"Parvoália"

O título do original, esclarece Cook, vem de *gubbins*, termo do inglês britânico que significa "lixo" ou "restos", mas também designava outrora "os bárbaros do distrito de Dartmoor"; assim, "Gubbinal" seria um poema escrito "a partir desse ponto de vista".[11] Mais exatamente, o eu lírico, aparentemente cansado de argumentar com um *gubbin*, afirma, sem nenhuma convicção, aceitar seu ponto de vista, que parece negar a visão de mundo positiva apresentada num poema

11 Cook, op. cit., p. 71.

como "Manhã de domingo": o sol é o elemento que estabelece um vínculo entre os dois poemas. Na tradução, partiu-se do adjetivo "parvo" e a ele acrescentou-se o sufixo "-ália", de palavras como "marginália" e "tropicália". A rima insistente entre *say* e *way* reaparece na tradução como a rima incompleta entre "é" e "quer".

"Peter Quince ao cravo"

O Peter Quince do título é um dos "rústicos" em *Sonho de uma noite de verão* de Shakespeare, personagens cômicos que, no último ato da comédia, resolvem apresentar uma tragédia que, dadas a indigência do texto e a incompetência dos atores, acaba provocando hilaridade nas duas plateias — os outros personagens que assistem à peça dentro da peça e o público do teatro. O tema do poema, porém, não é tirado de Shakespeare, e sim do livro de Daniel do Velho Testamento — mais exatamente, de um acréscimo ao livro de Daniel considerado canônico por católicos e ortodoxos, mas não por judeus e protestantes: a história de Susana e os anciãos (Dn 13). O título indica, observa Cook, que o narrador, supostamente Peter Quince, é uma persona "autodepreciativa" do próprio poeta, que revela "insegurança em relação ao desejo sexual".[12]

O título indica também que o poema é um tour de force musical, com uso virtuosístico de elementos métricos e rímicos, e também o emprego de termos musicais. Com base em Cook,[13] podemos resumir a estrutura do poema assim: (I)

---

12 Ibid., pp. 73-5.
13 Ibid.

tercetos de tetrâmetros com rimas irregulares; um cravo interrompido por violoncelos; (II) estrofes irregulares de versos curtos, cada uma com duas frases; música interrompida pela percussão dos pratos e a entrada em cena dos instrumentos de sopro (trompas no original, clarins na tradução); (III) dísticos rimados, sendo a estrutura rímica do último a imagem especular do primeiro, tetrâmetros no original e decassílabos na tradução; pandeiros no original, substituídos na tradução por genéricas "notas argentinas", o que mantém a ideia de um instrumento de percussão delicado, talvez um *glockenspiel*; (IV) três estrofes irregulares (pentâmetros e tetrâmetros) com rimas na maioria dos versos, traduzidas por decassílabos regulares com rimas também na maioria dos versos; referência a um coral e a instrumentos de cordas.

III. A2, E1. Cook comenta: "Stevens reagiu com desdém quando um pedante observou que não existiam bizantinos no tempo de Susana".[14]

"Treze maneiras de olhar para um melro"

Um dos poemas mais famosos de Stevens. A ênfase aqui é no plano visual — o contraste entre o negrume do melro e a brancura da neve — e numa escrita econômica, seca, que muitos comparam à poesia japonesa; o próprio Stevens, porém, comentou que as gravuras japonesas tinham mais a ver com o poema do que os haicais, lembra Cook.[15]

VII. 1. Haddam é uma cidadezinha de Connecticut, com

---

14 Ibid., p. 75.
15 Ibid., pp. 75-7.

um nome que parece bíblico — e a sintaxe desta seção evoca a linguagem da Bíblia, um efeito que se tentou imitar na tradução.[16]

"Marinha, com nuvens"

O título original significa, literalmente, "Superfície de mar cheia de nuvens". Um dos catorze poemas acrescentados à segunda edição de *Harmonium*. Obra-prima de melopeia e fanopeia em cinco seções, cada uma com seis tercetos de pentâmetros jâmbicos (decassílabos na tradução), que obedecem a um esquema rigoroso:

A: o verso 1 é sempre o mesmo; 2 começa a variar ligeiramente a partir da seção III; 3 termina sempre com a palavra *deck* ("convés").

B: os três versos terminam respectivamente com as palavras *chocolate, green* e *machine*. Na tradução, a presença de "chocolate" é mantida, ainda que nem sempre no final de 1, mas 3 sempre termina com "máquina".

C: 1 sempre começa com "*Of ocean*" ("Do oceano"); 2 começa uma pergunta iniciada com "*Who*" ("Quem") em todas as seções, menos na seção V, com "*What*" ("Que", "Qual"), diferença apagada na tradução.

D: em 2 se encerra a pergunta que começou na estrofe anterior; 3, em francês, inicia com "*C'était*" ou "*Oh! C'était*", seguido de um sintagma nominal cuja primeira palavra é um possessivo, *mon* ou *ma*.

E e F: descrição do efeito visual das nuvens refletidas no mar. Aqui há mais variação de uma a outra seção.

16 Ibid., p. 76.

Cada seção apresenta o mar visto sob condições diferentes, ora em calmaria, ora com vento etc. O verso que abre todas as seções significa, literalmente, "Era novembro, ao largo da costa de Tehuantepec". Em 1923, Stevens e sua mulher desceram o Atlântico até o canal do Panamá e depois subiram o Pacífico em direção à Califórnia, e de fato passaram no golfo de Tehuantepec, no México.

Os versos franceses de cada seção podem ser traduzidos como: (I) "Era meu(minha) filho(a) (literalmente, "minha criança"), minha joia, minha alma". (II) "Era meu irmão do céu, minha vida, meu ouro." (III) "Ah! Era meu êxtase e meu amor." (IV) "Era minha fé, a divina indolência." (V) "Era meu espírito bastardo, a ignomínia."

"A ideia de ordem em Key West"

Segundo Cook,[17] embora houvesse um crítico conhecido na época que se chamava Ramon Fernandez, Stevens afirmava não estar se referindo a ele, porém escolheu apenas dois nomes espanhóis comuns. Poema em pentâmetros jâmbicos, com algumas irregularidades; a tradução é basicamente em decassílabos, mas ocorrem versos com onze e doze sílabas.

"O homem do violão azul"

Outra obra central de Stevens. O autor escreveu na orelha da edição original: "Este grupo [de poemas] lida com as conjunções incessantes entre as coisas como são e as coisas

---

17 Ibid., p. 95.

imaginadas".[18] Ciclo de poemas compostos de dísticos de tetrâmetros jâmbicos, traduzidos em metro variável, em sua maioria decassílabos, com rimas ocasionais.

I. A1 e A2 fazem imediatamente pensar no quadro de Picasso, porém "Dia verde" e "É azul teu violão" não correspondem ao jogo de cores da pintura, que é em tons de azul e apresenta um violão castanho-claro.

III. C1 e C2. Numa carta, Stevens observa que "nas fazendas da Pensilvânia prega-se um falcão na parede, creio que para assustar os outros falcões".[19] Ele explica a seu tradutor italiano, Renato Poggioli, o sentido da quarta estrofe: "fazer um relato exato da ocasião vivida".[20]

V. Stevens parafraseia este poema assim:

> Vivemos num mundo *plainly plain* ["simplesmente simples", ou "claramente às claras".] Tudo é tal como se vê. Não há outro mundo. A poesia, portanto, é o único céu possível. Ela necessariamente há de ser a poesia de nós mesmos; sua fonte é a imaginação (até mesmo na conversa fiada etc.).[21]

Para Cook, a referência às "tochas murmurantes subterrâneas" é uma referência "contra os grandes poemas que tratam de uma vida do além no subterrâneo, por exemplo, os de Virgílio, Milton e especialmente Dante, onde as sombras dos mortos assumem a forma de chamas".[22]

---

18 Wallace Stevens, *Collected Poetry and Prose*. Nova York: Library of America, 1996, p. 998.
19 *The Letters of Wallace Stevens*, org. de Holly Stevens. Nova York: Knopf, 1981, p. 359.
20 Ibid., p. 783.
21 Ibid., p. 360.
22 Cook, op. cit., p. 116.

vi. Stevens: "As coisas imaginadas (os sentidos do violão) se transformam nas coisas que são. É mais ou menos a mesma coisa que dizer que nos Estados Unidos todo mundo mais cedo ou mais tarde se torna americano".[23]

x. Cook ressalta os ecos da política dos anos 1930 neste poema: colunas vermelhas, desfiles nas ruas, trombones bombásticos.[24]

xi. Stevens: "O acorde destrói seus elementos ao uni-los no acorde. Eles deixam de existir separadamente. Por outro lado, a dissonância exagera a separação entre os elementos. [...] Ansiamos por uma era em que haja o supremo equilíbrio entre" realidade e imaginação.[25]

xii. Stevens: "Este poema consiste numa série de antíteses [...]. A orquestra é só uma abstração. Certamente não é uma referência à poesia contemporânea; a referência é à sociedade".[26]

xiii. Stevens: "O poema [...] trata da intensidade da imaginação não modificada pelos contatos com a realidade, se tal coisa é possível. A intensidade se torna algo incandescente".[27] Cook comenta que neste poema Stevens parece condenar a "imaginação centrada na lua e a poesia pura" que o atraíam num momento anterior, afirmando aqui que "o contato com a realidade é necessário". No contexto, ela observa, "azul" significa "gordo, ao que parece por ter engordado" de tanto comer palavras e ideias tais como "imaculada" e "centro heráldico do mundo".[28]

---

23 Stevens (1981), p. 360.
24 Cook, op. cit., p. 118.
25 Stevens (1981), p. 363.
26 Ibid., p. 360.
27 Ibid., p. 785.
28 Cook, op. cit., p. 120.

xiv. D1 e D2. Stevens:

Não acredito que jamais se chegue ao segredo do mundo através das ciências. Suas descobertas uma por uma nos irradiam e criam a visão da vida que agora assumimos, mas, no final das contas, isso talvez seja só um pouco de *laboriousness* ["empenho no trabalho", com possível sentido de "empenho excessivo"] alemão. Talvez a pequena vela da imaginação seja tudo de que precisamos.[29]

xv. A1 e A2. Em 1935, numa entrevista concedida à revista *Cahiers d'Art*, Picasso afirma que, se no passado os quadros eram completados por etapas e eram somatórios de adições, para ele "um quadro é um somatório de destruições. Eu faço um quadro — depois o destruo".[30] Stevens, no ensaio "The Relations between Poetry and Painting", comenta: "O dito de Picasso, de que uma pintura é um acúmulo de destruições, também não afirma que um poema é um acúmulo de destruições?".[31]

xviii. E2. Stevens: "Um mar de ex quer dizer um mar puramente negativo. O reino do que passou, sem interesse nem nada de provocativo".[32]

xix. Para Cook, o "monstro" é "o leão dentro do alaúde, que Stevens identifica com a vida em geral".[33]

xxi. C2. Chocorua é uma montanha em New Hampshire.

xxii. Stevens parafraseia o poema:

---

29 Stevens (1981), p. 363.
30 Stevens (1996), p. 1000.
31 Ibid., p. 741.
32 Stevens (1981), p. 783.
33 Cook, op. cit., p. 123.

A poesia é o espírito, o poema é o corpo. Dito de modo grosseiro, a poesia é a imaginação. Mas poesia aqui é usado no sentido de "o poético", sem a menor conotação pejorativa. Tenho em mente a poesia pura. O objetivo de escrever poesia é atingir a poesia pura. A validade do poeta como figura de prestígio a que ele faz jus é exclusivamente isto, o fato de que ele acrescenta à vida aquilo sem o qual a vida não pode ser vivida, ou não vale a pena ser vivida, ou perde o sabor, ou, no mínimo, seria totalmente diferente do que é agora. A poesia é uma paixão, não um hábito. Essa paixão se alimenta de realidade. A imaginação não tem outra fonte que não a realidade, e deixa de ter qualquer valor quando se afasta da realidade. Eis um princípio fundamental da imaginação: ela não cria senão na medida em que transforma. Não há nada que exista exclusivamente por razão da imaginação, ou que não exista de alguma forma na realidade. Assim, realidade = imaginação, e imaginação = realidade.[34]

xxiii. F1. *Dichtung und Wahrheit*. "Poesia e verdade", título da autobiografia de Goethe.

xxiv. Dois esclarecimentos de Stevens:

A1. "Quero que meu poema signifique tanto, e tão profundamente, quanto um missal. Quando escrevo coisas que parecem triviais, quero que essas coisas triviais sejam um missal para a visão meditativa: para uma compreensão do mundo."[35]

C2. "Gavião de vida é uma dessas expressões que cravam suas garras em algum aspecto da vida que foi necessário um olho de gavião para ver. Chamar uma expressão de gavião de vida é, isso mesmo, um exemplo."[36]

---

34 Stevens (1981), pp. 363-4.
35 Ibid., p. 790.
36 Ibid., p. 784.

xxv. Stevens:

O homem de imaginação equilibra o mundo na ponta do nariz, mas o mundo não se dá conta de que se move tal como uma imaginação o dirige. [...] O polegar gordo ["dedo sem jeito", na tradução] etc. — pessoas burras diante do espetáculo da vida, que elas aproveitam mas não compreendem.

Sobre o sujeito do verbo "ergueu" do primeiro verso, o poeta observa: "Quem é ele? Qualquer observador: Copérnico, Colombo, o professor Whitehead, eu, você".[37] A referência é a Alfred North Whitehead (1861-1947), matemático e filósofo inglês.

xxvi. Vendler comenta:

a imaginação é representada como o ambiente ou a morada fluida do mundo sólido [...]; a relação entre os dois é a música da maré de terra e mar na costa, quando a imaginação, em maré alta ou vazante, se espalha sobre a realidade. Quando imaginamos a Utopia, a imaginação flui; ela entra na vazante quando não conseguimos realizar a Utopia, e sentimos nostalgia pelo que poderia ter sido.[38]

xxvii. Stevens: "Por que atravessar terra e mar se, caso você permaneça fixo, imóvel, terra e mar virão a você?".[39]

xxx. Stevens: "Oxídia — Olímpia. São opostos. Oxídia é a antípoda de Olímpia. Oxídia (de oxidação) é o típico subúr-

---

37 Ibid., p. 790.
38 Helen Vendler, *On Extended Wings: Wallace Stevens' Longer Poems*. Cambridge (Massachusetts): Harvard University Press, 1969, p. 139.
39 Stevens (1981), p. 790.

bio industrial, sujo e deprimente".⁴⁰ Segundo Cook, Stevens teria dito a Poggioli que o necessário era desenvolver um homem a partir da vida moderna, porque Oxídia é nossa única Olímpia.⁴¹

XXXII. Numa carta, Stevens faz um comentário um tanto obscuro:

> Sua paráfrase está correta, se você entende ser a si próprio menos ser o que se é e sim ser uma das procriações jocosas da escuridão, do espaço. O sentido do poema é não que isso possa ser feito, e sim que, se for feito, é a chave da poesia, do jardim fechado [...] da fonte da juventude e da vida e da renovação.⁴²

Cook acrescenta, em relação a essa explicação, que *"closed garden* [jardim fechado] é uma tradução de *hortus conclusus*, o tropo que se refere à amada no Cântico dos Cânticos 4, 12, e o jardim ideal das pinturas e tapeçarias medievais".⁴³

"Estudo de duas peras"

O verso inicial, em latim, significa "opúsculo pedagógico" ou "livrinho didático".

---

40 Ibid.
41 Cook, op. cit., p. 128.
42 Stevens (1981), p. 364.
43 Cook, op. cit., p. 129.

"*Cuisine bourgeoise*"

O título em francês é literalmente "cozinha burguesa". Cook cita uma anotação do diário de Stevens, datada de 1900, em que ele conta que passou mal depois de um almoço, por excesso de "*cuisine bourgeoise*".[44]

"Homem carregando coisa"

Os dois versos iniciais formam talvez a mais famosa definição de poesia de Stevens. Cook observa que o sentido literal de "metáfora" em grego é "o ato de transportar para além".[45] Pentâmetros jâmbicos irregulares, traduzidos em versos livres longos com mais de dez sílabas.

"Apontamentos para uma ficção suprema"

Um dos poemas — ou grupo de poemas — centrais da produção de Stevens; para alguns críticos, sua obra máxima. Aqui há lugar para reflexões abstratas e trechos de narrativa, em que Stevens cria uma profusão de personagens, os quais, segundo Vendler, "embora alegóricos, representam o tangível e não o desejado".[46] Para Vendler, aqui, mais do que nas obras anteriores, Stevens

---

44 Ibid., p. 150.
45 Ibid., p. 199.
46 Vendler (1969), p. 169.

fecha os poemas com uma atenuação, um tom menor, e não uma declaração ou negação categórica. Para isso, ele retoma uma de suas fórmulas favoritas, que se torna característica do poema: não X (nem Y nem Z), e sim A — em que X, Y e Z são possíveis extremos (de canonização, repúdio, imersão, abstração) e A é um meio-termo, uma mediana que ele propõe como finalidade possível:

A ele cabe, efebo, preparar
A elegância final, não consolar
Nem sagrar, mas simplesmente propor. (I, x)⁴⁷

Cada seção tem sete tercetos em pentâmetro jâmbico com algumas irregularidades; a tradução oscila entre o decassílabo e o dodecassílabo, mas também inclui muitos versos irregulares. É a mesma forma de "As auroras boreais do outono", que será traduzido de modo análogo.

Dedicatória. Henry Church, herdeiro de uma fortuna, era colecionador de arte e editor de uma revista na França, onde morava com a esposa, Barbara; voltaram para os Estados Unidos para fugir da Segunda Guerra Mundial. Tornou-se um dos amigos mais próximos de Stevens.

I.i. E2 e F1. Cook observa que Febo, deus do sol na mitologia grega, representa Cristo, porque o sol é um símbolo de Cristo na iconografia cristã e, em inglês, *sun* ("sol") e *"son"* ("filho") são homófonos.⁴⁸

I.iii. Stevens: "O árabe é a lua; a vagueza indecifrável do luar são os traços não traçados: a letra informe".⁴⁹

---

47 Ibid., p. 171.
48 Cook, op. cit., p. 216.
49 Stevens (1981), p. 433.

i.vi. A3. Cook observa que Franz Hals não pintava paisagens, e sim cenas cotidianas, com pessoas alegres, e portanto *weather* ("tempo", no sentido de "condições meteorológicas") aqui teria o sentido de clima mental.[50]

C3. A forsítia (*Forsythia*) é um gênero de arbustos com flores amarelas, que na América do Norte floresce logo no começo da primavera, e está associada ao fim do inverno e ao renascimento da natureza.

i.vii. E2. *Schwärmerei*, em alemão, é "entusiasmo", "fanatismo".

i.viii. A2. Viollet-le-Duc (1814-79), arquiteto francês, restaurador de prédios antigos.

D2. Sobre o conceito de *major man* ("homem principal" na tradução), em 1942 Stevens escreveu a Henry Church, na carta em que anuncia a intenção de dedicar o poema a ele: "Quanto a Nietzsche, não o leio desde jovem. Meu interesse no herói, homem principal, gigante etc., nada tem a ver com o *Biermensch* [homem-cerveja]".[51] Church, ao contrário de Stevens, era um leitor apaixonado de Nietzsche.

O nome "MacCullough" é usado aqui, segundo Stevens, no sentido de uma pessoa qualquer, embora ele próprio admita que derivou o nome de um membro da Suprema Corte dos Estados Unidos. Mas o artigo na frente do nome indica que se trata do chefe de um clã escocês.[52]

i.x. D1 e D2. Cook comenta que rabino e chefe são duas possíveis encarnações do "homem principal".[53]

---

50 Cook, op. cit., p. 218.
51 Stevens (1981), p. 409.
52 Cook, op. cit., p. 219.
53 Ibid., p. 221.

II.iii. Cook chama a atenção para um trocadilho com o nome Du Puy, cuja pronúncia lembra *depuis*, partícula usada "para falar de coisas passadas, porém com verbo no presente (*'Depuis cinq ans, je suis...'*)", tal como em português dizemos "Há cinco anos que estou...".[54]

II.v. Esta seção introduz um dos personagens do poema, "o plantador".

E1. *Là-bas*, em francês: "lá", "acolá".

II.viii. Nanzia Nunzio, a protagonista desta seção, tem o sobrenome derivado do latim *nuntius*, "mensageiro", também um sinônimo de "anjo", e origem do termo "núncio apostólico".[55] Ozimândias é personagem de um famoso soneto de Shelley.

II.ix. G3. Cook comenta que Stevens expande a expressão latina *lingua franca* acrescentando-lhe o adjetivo *jocundissima* ("a mais agradável/deleitosa").[56]

III.i. C1. São Jerônimo, que traduziu a Bíblia para o latim.

III.ii. Stevens: "A mulher azul era provavelmente o tempo que fez numa manhã de domingo no início de abril passado, quando escrevi isso".[57]

III.iii. F2. Cook observa que a imagem do pastor que voltou no inferno combina as imagens de Cristo e Orfeu. Mais uma vez, o tema da morte de Deus.

III.iv. Mais um episódio narrativo, com o casamento místico em Catawba — nome aborígine de um rio na Carolina do Norte — de Bawda (que evoca *bawdy*, "obscena", "lasci-

---

54 Ibid., p. 223.
55 Ibid., p. 225.
56 Ibid., p. 226.
57 Stevens (1981), p. 444.

va") com "um grande capitão". O original é de uma riqueza de ritmos, rimas e jogos de palavras impossível de reproduzir. Para citar apenas um, em inglês *cymbals* ("címbalos") e *symbols* ("símbolos") são homônimos. Observe-se que o verso que abre a seção é uma versão um pouco modificada do verso final de III.i.

III.v. Sobre o cônego Aspirina, personagem central da narrativa desta seção e das duas seguintes, Stevens escreveu:

> O homem sofisticado: o cônego Aspirina (o homem que explorou todas as projeções da mente, em particular da sua) volta, sem ter adquirido uma ficção suficiente — para, digamos, sua irmã e os filhos dela. [...] Ele tem consciência do êxtase sensível e cantarola laboriosamente em louvor da rejeição dos sonhos etc. [...] Apesar disso, ele termina com uma sensação de nada, de nudez, da finalidade e limitação dos fatos; e, deitado na cama, volta mais uma vez às pálidas iluminações da noite. Ele se identifica com elas. Volta para a cabeceira das camas das crianças, com a inteira consciência da dependência humana. [...] Para que possa escapar do *pathos* humano, e dos fatos, ele precisa ir direto ao ápice do coração da noite [...]. Ele poderia escapar do fato, mas chegaria apenas a um outro nada, uma outra nudez, a limitação do pensamento. [...] Em suma, um homem que gosta de Mersault e lagosta com chutney de manga, que tem uma irmã muito sensata e [...] não tem muita opção a respeito de ceder ao "complicado, à harmonia em massa". (Como ele veio a se tornar cônego é que é o verdadeiro problema.)[58]

B3. *Pauvres* ("pobres" em francês): no original, *pauvred*,

---

58 Stevens (1981), p. 445.

neologismo que parte de *pauvre* e acrescenta-lhe o sufixo *-ed* dos particípios passados regulares do inglês.

III.viii. Cook aponta para algumas ressonâncias bíblicas nesta seção: F1, "um dia, um mês, um ano": cf. Ap 9, 15: "a hora, o dia, o mês, o ano"; F3, "porém sou, e como sou, eu sou": cf. Ex 3,14: "Eu sou aquele que é".[59]

III.x. O planeta Terra, invocado como "moça gorda", é o último personagem do poema propriamente dito.

Epílogo. O poema foi escrito durante a guerra, e Stevens até hoje é criticado por igualar-se ao soldado, embora não tivesse combatido (na verdade, nem poderia, pois tinha quase sessenta anos quando a guerra teve início). Vendler acredita que esse poema "talvez não tivesse sido acrescentado como apêndice às 'Notas' se a guerra não houvesse tido o efeito de fazer com que uma justificativa externa da poesia parecesse necessária".[60]

"As auroras boreais do outono"

Ocasionalmente ocorrem auroras boreais em Hartford, sobretudo no início do outono. Cook cita Stevens — que afirma numa carta que a aurora boreal "simboliza um pano de fundo trágico e desolado"[61] — e comenta que "a vida trágica e desolada dos primeiros anos do pós-guerra sem dúvida terá tido impacto sobre esse pano de fundo". Vendler cita um trecho de "Two or Three Ideas", uma conferência proferida por Stevens, como uma "glosa possível" ao poema:

---

59 Cook, op. cit., p. 233.
60 Vendler (1969), p. 205.
61 Stevens (1981), p. 852.

Ver os deuses se dissiparem no ar e dissolverem-se como nuvens é uma das grandes experiências humanas. Não é como se eles tivessem desaparecido por trás do horizonte por algum tempo; nem como se eles tivessem sido derrotados por outros deuses, mais poderosos e dotados de um saber mais profundo. Eles simplesmente se reduziram ao nada. Como sempre compartilhamos todas as coisas com eles e sempre tivemos uma parte de sua força e, sem dúvida, a totalidade de seu saber, também compartilhamos essa experiência de aniquilação. A aniquilação foi deles, não nossa, e no entanto ela nos deixou o sentimento de que, em certo grau, também nós fomos aniquilados. Deixou-nos sentindo-nos desapossados e sozinhos numa multidão, como crianças sem pais, numa casa que parecesse deserta, em que os quartos e salas aprazíveis tivessem assumido um ar de dureza e vazio.[62]

Quanto a questões de forma, veja comentários sobre "Apontamentos para uma ficção suprema". A única diferença é que cada seção aqui tem oito, e não sete, tercetos.

III. G2-3: Cook comenta: "porque a luz vem de fora apenas, por exemplo, da aurora boreal, cujos movimentos rápidos e cores conotam a dissolução da casa e dos livros".[63]

v. F2. Sobre Chatillon, Cook comenta: "Stevens chamava seu possível ancestral, Gaspard de Châtillon, 'uma das grandes figuras protestantes de sua época'".[64] Foi Châtillon que organizou a expedição de protestantes franceses ao Rio de Janeiro, liderados por Villegaignon, em 1555.

---

62 Vendler (1969), p. 265; Stevens (1996), p. 842.
63 Cook, op. cit., p. 239.
64 Ibid., p. 240.

"Homenzarrão vermelho lendo"

Cook observa que os versos são muito mais longos e ritmicamente irregulares do que é comum em Stevens.[65] Essas características foram mantidas na tradução.

"Anjo cercado por *paysans*"

Foi de um verso deste poema notável que Stevens tirou o título da coleção de ensaios que publicou em 1951, *The Necessary Angel*. O poema foi inspirado por um quadro que o poeta adquiriu, uma natureza-morta de Pierre Tal-Coat, pintor francês (1905-85). (O quadro pode ser visto em: http://www.wallacestevensbiography.com/pics/Still-Life-by-Pierre-Tal-Coat.jpg). Segundo Cook, Stevens deu ao quadro "o título 'Anjo cercado de camponeses', dizendo que 'a tigela de vidro veneziano à esquerda' seria um anjo e que 'a *terrine*, as garrafas e os copos' seriam os camponeses. Acrescentou que o título domesticava o quadro".[66]

Cook chama a atenção para este trecho de uma carta de Stevens sobre o poema:

> Em "Anjo cercado por *paysans*", o anjo é o anjo da realidade. Isso só fica claro se o leitor aceita a ideia de que vivemos num mundo da imaginação, em que a realidade e o contato com ela são grandes bênçãos. Para nove entre dez leitores, o anjo necessário parecerá ser o anjo da imaginação, e em nove de cada dez dias isso é verdade, se bem que o décimo dia é o que conta.[67]

---

65 Ibid., p. 244.
66 Ibid., p. 277.
67 Ibid., p. 278; Stevens (1981), p. 753.

Numa outra carta, Stevens comenta, a respeito do problema de como representar o anjo da realidade:

> O sentido do poema é que no mundo que nos cerca tem de haver coisas que nos confortem tão plenamente quanto o faria qualquer bênção celestial. Já observei que uma maneira de encarar a questão seria não tentar nenhuma representação definida e sim mostrar a figura no momento após seu desaparecimento, deixando no seu rastro sinais de seu esplendor [...][68]

Paysans é "camponeses" em francês.

"Para um velho filósofo em Roma"

O filósofo em questão é George Santayana (1863-1952), que, embora espanhol de origem, estudou e trabalhou por alguns anos nos Estados Unidos e escreveu sua obra em inglês — basicamente filosofia, mas também poesia e ficção. Em 1912, voltou para a Europa. Embora ateu, optou por viver seus últimos anos de vida num convento de freiras irlandesas, em Roma. Stevens estudou em Harvard no tempo em que Santayana lecionava lá; embora não fosse seu aluno, tornou-se seu amigo, e com ele trocou sonetos. Um dos mais belos poemas de Stevens sobre a velhice, que evoca a dignidade de um filósofo diante da morte já próxima, mas não deixa de lado as misérias da idade.

O original é em versos irregulares, mas que tendem ao pentâmetro, ocasionalmente se atendo ao metro jâmbico. A

[68] Ibid., p. 661.

tradução é em versos livres, tendo em sua maioria de dez a catorze sílabas, às vezes com um ritmo regular.

H5. *Nether-do* é termo cunhado por Stevens. *Nether* significa "inferior"; há uma expressão comum, *nether parts*, que designa os órgãos sexuais e excretores; a palavra também é comumente empregada no composto *netherworld*, "mundo subterrâneo", "inferno" (menos o inferno cristão do que o greco-romano). *Do*, forma nominal do verbo "fazer", tem muitos sentidos, e um deles, na fala coloquial, é "excremento". A expressão é opaca à primeira leitura, obrigando o leitor a fazer certa acrobacia mental para chegar ao sentido. A solução adotada na tradução, "ínfera fez", combina uma palavra que significa "inferior" (e talvez também evoque "inferno") com "fez" (pronuncia-se com /ɛ/, *e* aberto), forma singular pouco usada de "fezes" que também, tal como *do*, invoca a ideia de "fazer".

"O planeta na mesa"

A1. Ariel é o espírito aéreo em *A tempestade* de Shakespeare. Ao final da peça, Próspero, o mago, afirma que vai abandonar a magia. Sendo *A tempestade* tradicionalmente considerada a última peça de Shakespeare, o monólogo final de Próspero tende a ser lido como uma fala do próprio dramaturgo, anunciando sua aposentadoria. No poema, porém, o eu lírico identifica-se não com Próspero, e sim com Ariel, que até então trabalhava para Próspero, e que, ao final da peça, é libertado pelo mago, que não precisará mais de seus serviços.

"Ao sair da sala"

Outro poema em que, tal como "The Planet on the Table" ("O planeta na mesa") e "Large Red Man Reading" ("Homenzarrão vermelho lendo"), Stevens reflete sobre sua obra. Vendler observa que há aqui várias referências a poemas do próprio Stevens, como "Someone Puts a Pineapple Together", "Examination of the Hero in Time of War" e "Credences of Summer", e comenta:

> o próprio fato de que Stevens é obrigado a perguntar-se [se viveu uma vida de esqueleto etc.] indica que ele já esperava as acusações que lhe seriam feitas por alguns leitores — acusações de falta de humanidade, frieza, secura e abstração cerebral. Ele percebia que havia nele uma diferença em relação a Keats, em suma — e precisava explicar essa diferença a si próprio.[69]

"O percurso de um pormenor"

Para Cook, a palavra *particular* que aparece no título do poema não é um adjetivo, como a palavra é quase sempre usada em inglês, e sim um substantivo: "em lógica, o particular contrasta com o universal". Cook acrescenta que o sentido do termo está em jogo aqui porque "Stevens repetidamente se recusa a atribuir qualquer significado universal ao grito".[70] Na tradução, porém, preferiu-se alterar o termo para "pormenor", para evitar outros sentidos de "particular" como substantivo em português.

69 Vendler (1984), p. 36.
70 Cook, op. cit., p. 304.

A2. Cook chama a atenção para a referência a "The Snow Man" ("O homem de neve") neste verso. Ela observa também que os versos são ritmicamente muito irregulares para Stevens.[71]

D3. As diversas negativas desta estrofe culminam com a negação da transcendência, tema que percorre toda a obra de Stevens (veja, por exemplo, "Manhã de domingo").

"Meramente ser"

Tal como já fizeram outros críticos, Cook nota a semelhança entre o pássaro deste poema e o que aparece em "Sailing to Byzantium" de Yeats (memoravelmente traduzido por Augusto de Campos).[72] Ela chama a atenção também para a extrema variabilidade métrica do poema.[73] A associação do pássaro com o fogo evoca, é claro, a figura da fênix. Vendler observa que nesse poema Stevens parece estar explicitamente abrindo mão da falácia patética — a atribuição de qualidades humanas a seres não humanos — de que ele tanto lançou mão em poemas anteriores, como "Domination of Black" ("Predomínio do negro")[74] — ao dizer que o canto do pássaro é "sem sentido humano". Observe-se que a negação explícita desse recurso retórico também ocorre em "The Course of a Particular" ("O percurso de um pormenor"), outro poema tardio.

---

71 Ibid.
72 Augusto de Campos, *Poesia da recusa*. São Paulo: Perspectiva, 2011. O livro contém quatro excelentes traduções de poemas de Stevens.
73 Cook, op. cit., p. 314.
74 Vendler (1984), p. 67.

D3. O verso final, uma maravilha de ourivesaria imagística e sonora, é, ouso dizer, radicalmente intraduzível:

The bird's fire-fangled feathers dangle down.

O verso pode ser analisado como um pentâmetro jâmbico tendo um espondeu (duas sílabas acentuadas seguidas) em vez de jambo (átona seguida de tônica) no segundo pé. No plano sonoro, podemos destacar aliterações em /f/, /d/, /r/, /ŋ/, /g/ e /l/; uma rima interna entre *fangled* e *dangle d-* e uma ocorrência de três sílabas tônicas juntas (*bird's fire--fan-*). As três ocorrências de /f/ em sílabas acentuadas próximas evocam o agitar de asas do pássaro, pousado ainda há pouco; e esse movimento é interrompido pela dupla ocorrência da oclusiva /d/ e a pausa final. Há um neologismo, *fire-fangled*, assim glosado por Cook: "combinação entre *fire--fanged* (termo obsoleto, 'tomado pelo fogo, chamuscado') e *new-fangled* (termo pejorativo [com o sentido de 'novo'] do anglo-saxão *fangol*, 'inclinado a pegar', gerando o duplo sentido de 'queimado' e 'inclinado a pegar fogo'".[75] O verbo *dangle* significa "pender, oscilando"; o advérbio *down* ("embaixo", "para baixo") tem aqui uma função pleonástica. A imagem que resulta é a de um pássaro pousado, mas com as penas ainda se movendo de leve, indicando que ele pode bater asas a qualquer momento. Uma tradução literal do sentido das palavras seria algo como "As penas chamuscadas/incendiáveis do pássaro pendem (para baixo), oscilando". Na tradução, tentou-se trabalhar com a aliteração em /p/ ("penas", "pássaro", "resplendem"), a assonância em

---

75 Ibid.

[ẽ] ("penas", duas vezes em "resplendem") e a rima toante "ouro"-"fogo".

"De *Lettres d'un soldat* (1914-1918)"

Cook observa que em 1918 Stevens escreveu uma longa sequência de poemas sobre a guerra. Cada poema individual tinha uma epígrafe extraída de *Lettres d'un soldat*, obra publicada em 1916 pela família de Eugène Emmanuel Lemercier, soldado francês morto durante a guerra no ano anterior, reunindo as cartas que ele escrevera à mãe. Stevens publicou algumas das seções em revistas, mas apenas três trechos saíram em livro, na segunda edição de *Harmonium*.[76] Esta é a seção inicial, que só foi publicada postumamente.

76 Cook, op. cit., p. 17.

Índice dos poemas

O primeiro verso de cada poema ou seção está entre aspas
(" "), o texto original está em *grifo* e os títulos dos livros estão
em MAIÚSCULAS.

"A abstração principal é a ideia do homem", 181
"A bench was his catalepsy, Theatre", 200
"A casa estava quieta e o mundo calmo", 159
"Adeus a uma ideia... As negações", 235
"Adeus a uma ideia... O rosto da mãe", 233
"Adeus a uma ideia... Uma cabana", 231
"A dream (to call it a dream) in which", 116
"A entoação romântica, a vidência", 179
"A few final solutions, like a duet", 122
"After a lustre of the moon, we say", 194
"Água clara num jarro brilhante", 143
"Ah, but to play man number one", 98
"Ah, poder tocar o homem primeiro", 99
A ideia de ordem em Key West, 89
"A ideia primeira não foi nossa...", 169
"A intrusão do pálido no azul", 111
"A lasting visage in a lasting bush", 206
"Além de nós quais somos, a canção", 103
"Although you sit in a room that is gray", 282
"A luz lembra uma aranha", 57

"A mãe convida a humanidade à sua casa", 237
"*A man and a woman*", 68
"*Among twenty snowy mountains*", 68
"A mulher azul, laqueada, à janela", 205
"*And for what, except for you, do I feel love?*", 162
"*And of each other thought — in the idiom*", 246
"*And the color, the overcast blue*", 106
Anecdote of the Jar, 52
Angel Surrounded by Paysans, 254
Anjo cercado por *paysans*, 255
"À noite, ao pé do fogo", 27
"*An unhappy people in a happy world*", 248
Ao sair da sala, 273
"Ao ver melros voando", 73
"A palmeira no final da mente", 277
"A pessoa tem um molde...", 117
"*A poem like a missal found*", 124
"A poesia é o assunto do poema", 123
Apontamentos para uma ficção suprema, 163
"Após um lustro de luar, dizemos", 195
"Aqui vive a serpente, a incorpórea", 229
"Ariel gostou de ter escrito seus poemas", 269
"*Ariel was glad he had written his poems*", 268
As auroras boreais do outono, 229
"As casas são assombradas", 41
"As sombras das peras são manchas", 149
"*A substitute for all the gods*", 120
As You Leave the Room, 272
"A terra não é terra; é uma pedra", 115
"*At night, by the fire*", 26

"*At the sight of blackbirds*", 72
"*A tune beyond us as we are*", 102

"*Beauty is monetary in the mind*", 64
"*Begin, ephebe, by perceiving the idea*", 162
"Beleza na mente vive um momento", 65
"*Bethou me, said sparrow, to the crackled blade*", 192

"Call the roller of big cigars", 38
Canção, 281
"Cantar hosanas nos momentos acertados", 203
"*Can we compose a castle-fortress-home*", 176
Caso do jarro, 53
"Chama o enrolador de charutos", 39
"*Clear water in a brilliant bowl*", 142
"Começa, efebo, percebendo a ideia", 163
"Como compor um lar-forte-castelo", 177
"Como dorme, e quanto, o faisão", 135
"Complacência de penhoar, café", 43
"*Complacencies of the peignoir, and late*", 42
Cuisine bourgeoise, 150
Cuisine bourgeoise, 151

Da poesia moderna, 153
"Da tumba, trazemos Badrulbadur", 33
De *Lettres d'un soldat* (1914-1918), 285
Depressão antes da primavera, 37
Depression before Spring, 36
Desilusão das dez horas, 41
Deve dar prazer, 203
Deve mudar, 183

Deve ser abstrata, 163
Disillusionment of Ten O'clock, 40
"Disto hei de elaborar um homem", 133
"Diz ela: 'Ainda assim, sei que preciso", 47
"Diz ela: 'Quando os pássaros questionam", 47
Domination of Black, 26
"Do not speak to us of the greatness of poetry", 100

"E a cor, o azul carregado do ar", 107
"E a quê, senão a ti, tenho eu amor?", 163
"É bom ser como se é sem o gigante", 175
"Ela cantava além do gênio do mar", 89
"Ela ouve, nas águas silenciosas", 51
"Ele atravessava Connecticut", 73
"Ele impõe ordens tais como ele as pensa", 215
"Embora estejas numa sala que é cinzenta", 283
"Em que devo crer?...", 217
"Em seguida, com notas argentinas", 65
"Em sua volta ao mundo, Nanzia Nunzio", 197
"Em vinte montanhas nevadas", 69
"É um teatro flutuando entre as nuvens", 239
"E no outro cada um pensava — no idioma", 247
"Então a vida é isto: as coisas como são?", 99
"É o mar que embranquece o telhado", 129
"É o sol que compartilha nossas obras", 103
"É o tédio celeste dos apartamentos", 165
"Eram fantasmas que voltavam à terra para ouvir suas palavras", 253
"Era noite, a tarde toda", 75
"Era novembro, em Tehuantepec", 77, 79, 81, 83
"Ergue colunas rubras...", 107

"Ergueu o mundo até o nariz", 127
"Essa flor estranha, o sol", 59
Estudo de duas peras, 147
"Eu estava entre três opções", 69

"Farewell to an idea... A cabin stands", 230
"Farewell to an idea... The cancellings", 234
"Farewell to an idea... The mother's face", 232
"Fat girl, terrestrial, my summer, my night", 220
"First one beam, then another, then", 112
From Lettres d'un soldat (*1914-1918*), 284
"From this I shall evolve a man", 132

"Gente infeliz num mundo feliz", 249
Gray room, 282
Gubbinal, 58
"Guincha bem alto, frouxa corruíra...", 219

"Há coisas esplêndidas acontecendo", 281
"Há que se ter mente hibernal", 31
HARMONIUM, 25
"Haverá uma imaginação entronada", 243
"Haveria ainda a consciência inquieta", 145
"He held the world upon his nose", 126
"He imposes orders as he thinks of them", 214
"He rode over Connecticut", 72
"Hoje as folhas gritam, em galhos que o vento varre", 275
Homem carregando coisa, 157
"Homem curvado sobre violão", 97
"Homens ágeis e alegres, de mãos dadas", 49
Homenzarrão vermelho lendo, 253
"How long and late the pheasant sleeps", 134

"I am a native in this world", 130
"I cannot bring a world quite round", 96
"Icicles filled the long window", 70
IDEAS OF ORDER, 87
"I do not know which to prefer", 70
"I know noble accents", 72
"In that November off Tehuantepec", 76, 78, 80, 82
"In the cathedral, I sat there, and read", 130
"In the green water, clear an warm", 60
"In the way they are modelled", 146
"I placed a jar in Tennessee", 52
"Is there an imagination that sits enthroned", 242
"Is there no change of death in paradise?", 48
"Is this picture of Picasso's, this 'hoard", 114
"It feels good as it is without the giant", 174
"It is a theatre floating through the clouds", 238
"It is the celestial ennui of apartments", 164
"It is the sea that whitens the roof", 128
"It is the sun that shares our works", 102
It must be abstract, 162
It must change, 182
It must give pleasure, 202
"It was evening all afternoon", 74
"I was of three minds", 68

"Jantamos lagosta com chutney de manga", 211
"Joga ao lixo as luzes, as definições", 137
"Jove in the clouds had his inhuman birth", 44
"Just as my fingers on these keys", 60

Large Red Man Reading, 252

Man Carrying Thing, 156
Manhã de domingo, 43
Marinha, com nuvens, 77
Meramente ser, 277
"Mesmo que esta simplicidade completa", 143
"Moça gorda, terrestre, meu verão e noite", 221

"Na catedral, sentado, a sós", 131
"Na ilha azul, em meio a um céu de mar", 191
"Não fales na grandeza da poesia", 101
"Não haverá morte no paraíso?", 49
"Não são superfícies planas", 147
"Não sei fechar um mundo bem redondo", 97
"Não sei se prefiro", 71
"Não ser realizado por não ser", 173
"Nas nuvens nasceu Jove, o não humano", 45
"Nestes tempos magros, banqueteamo-nos", 151
"No limiar do céu, as figuras na rua", 261
Notes toward a Supreme Fiction, 162
"*Not to be realized because not to*", 172

"O amarelo brilha", 149
O céu concebido como um túmulo, 35
"O céu tão vivo, ornado e túmido", 105
Of Heaven Considered as a Tomb, 34
Of Mere Being, 276
Of Modern Poetry, 152
"O galo canta", 37
"O gelo cobria a longa janela", 71
O homem bom não tem forma, 161
O homem de neve, 31

O homem do violão azul, 97
"Ó homens magros de Haddam", 71
O imperador do sorvete", 39
"O incréu caminhava à luz da lua", 55
"O melro girava no vento outonal", 69
"O monumento ao general Du Puy", 187
"O mundo foi dar em sua imaginação", 127
"On a blue island in a sky-wide water", 190
"One must have a mind of winter", 30
"One of the countrymen", 254
"On her trip around the world, Nanzia Nunzio", 196
"On the threshold of heaven, the figures in the street", 260
O percurso de um pormenor, 275
O planeta na mesa, 269
"O poema da mente no ato de encontrar", 153
"O poema oscila entre a algaravia", 199
"O poema tem que resistir à inteligência", 157
"O poema vivifica a vida, e nos permite", 167
"O presidente manda a abelha não morrer", 185
"Opusculum paedagogum", 146-7
"O que há na vida além da nossa ideia", 121
"O rio está correndo", 75
Os poemas de nosso clima, 143
"O sonho dessa geração, poluto", 137
Os vermes aos portões do paraíso, 33
"O thin men of Haddam", 70
"Out of the tomb, we bring Badroulbadour", 32
"O velho serafim, semidourado, aspirava", 183

Palace of the Babies, 54
Palácio dos bebês, 55

Para um velho filósofo em Roma, 261
PARTS OF A WORLD, 141
Parvoália, 59
"Pensamos nestas coisas com razão tardia", 209
Peter Quince ao cravo, 61
Peter Quince at the clavier, 60
"Poder eu reduzir o monstro a mim", 119
"Poetry is the subject of the poem", 122
"Por que legar aos mortos o que é dela?", 43
"Pouco a pouco, a hera sobre as pedras", 109
"Pousei um jarro em Tennessee", 53
Predomínio do negro, 27

"Quando, à meia-noite, o cônego dormiu", 213
"Quando voou além de onde a vista alcança", 73
"Que me dizeis, intérpretes, dos que", 35

"Raise reddest columns...", 106
"Rosto durável em duradouro arbusto", 207
"Ruge o leão ante o deserto que o enfurece", 171

Sala cinzenta, 283
"São formas amarelas", 147
"São modeladas de modo", 147
"Say even that this complete simplicity", 142
Sea Surface Full of Clouds, 76
"Sei de nobres entoações", 73
"Sempre pode haver tempo de inocência", 245
"Será esse quadro de Picasso, 'acúmulo", 115
"She hears, upon that water without sound", 50
"She sang beyond the genius of the sea", 88

"*She says, 'But in contentment I still feel*", 46
"*She says, 'I am content when wakened birds*", 46
"*Slowly the ivy on the stones*", 108
"Soldado, estão em guerra mente e céu", 223
"*Soldier, there is a war between the mind*", 222
Song, 280
"*Soon, with a noise like tambourines*", 64
"*So that's life, then: things as they are?*", 98
"Sou um nativo desse mundo, e nele", 131
Study of Two Pears, 146
"Substituto pra todos os deuses", 121
Sunday Morning, 42
"*Supple and turbulent, a ring of men*", 48
"Susana, na água verde, morna e límpida", 61

"Tal qual meus dedos nestas teclas fazem", 61
Tattoo, 56
Tatuagem, 57
"*That generation's dream, aviled*", 136
"*That I may reduce the monster to*", 118
"*That strange flower, the sun*", 58
THE AURORAS OF AUTUMN, 227
The Auroras of Autumn, 228
"*The blackbird whirled in the autumn winds*", 68
"*The blue woman, linked and lacquered, at her window*", 204
"*The cock crows*", 36
The Course of a Particular, 274
"*The disbeliever walked the moonlit place*", 54
"*The earth is not earth but a stone*", 114
The Emperor of Ice-Cream, 38
"*The first idea was not our own…*", 168

The Good Man Has No Shape, 160
"*The great statue of the General Du Puy*", 186
"*The houses are haunted*", 40
The House Was Quiet and the World Was Calm, 158
The Idea of Order at Key West, 88
"*The light is like a spider*", 56
"*The lion roars at the enraging desert*", 170
"*The major abstraction is the idea of man*", 180
"*The man bent over his guitar*", 96
THE MAN WITH THE BLUE GUITAR, 95
The Man with the Blue Guitar, 96
"*The mother invites humanity to her house*", 236
"*The old seraph, parcel-gilded, among violets*", 182
"*The pale intrusions into blue*", 110
"*The palm at the end of the mind*", 276
"*The person has a mould…*", 116
The Planet on the Table, 268
"*The poem goes from the poet's gibberish to*", 198
"*The poem must resist the intelligence*", 156
"*The poem of the mind in the act of finding*", 152
"*The poem refreshes life so that we share*", 166
The Poems of Our Climate, 142
"*The President ordains the bee to be*", 184
"*There are great things doing*", 280
"*There may be always a time of innocence*", 244
"*There were ghosts that returned to earth to hear his phrases*", 252
"*There would still remain the never-resting mind*", 144
"*The river is moving*", 74
THE ROCK, 259
"*The romantic intoning, the declaimed clairvoyance*", 178
"*These days of disinheritance, we feast*", 150

"The shadows of the pears", 148
The Snow Man, 30
"The vivid, florid, turgid sky", 104
"The world washed in his imagination", 126
The Worms at Heaven's Gate, 32
"They are not flat surfaces", 146
"They are yellow forms", 146
"The yellow glistens", 148
Thirteen Ways of Looking at a Blackbird, 68
"This is where the serpent lives, the bodiless", 228
"Through centuries he lived in poverty", 160
"Throw away the lights, the definitions", 136
To an Old Philosopher in Rome, 260
"Today the leaves cry, hanging on branches swept by wind", 274
"Tom-tom, c'est moi. O violão azul", 111
"Tom-tom, c'est moi. The blue guitar", 110
"To sing jubilas at exact, accustomed times", 202
TRANSPORT TO SUMMER, 155
Treze maneiras de olhar para um melro, 69
"Tudo depende do que lhe é oposto", 189
"Tuteia-me, pardal disse ao capim", 193
"Two things of opposite natures seem to depend", 188

ÚLTIMOS POEMAS, 271
"Umas soluções finais, como um dueto", 123
"Um banco de praça era seu Teatro", 201
"Um dos campônios", 255
"Um feixe de luz, outro depois", 113
"Um homem mais uma mulher", 69
"Um poema como um missal achado", 125
"Um sonho (chamemo-lo sonho) em que", 117

"Viveu por séculos na pobreza", 161
"Você fala...", 273

"We drank Meursault, ate lobster Bombay with mango", 210
"We reason of these things with later reason", 208
"What am I to believe?...", 216
"What is there in life except one's ideas", 120
"What word have you, interpreters, of men", 34
"When at long midnight the Canon came to sleep", 212
"When the blackbird flew out of sight", 72
"Whistle aloud, too weedy wren...", 218
"Why should she give her bounty to the dead?", 42

"You speak...", 272

ESTA OBRA FOI COMPOSTA POR ACOMTE
EM MERIDIEN E IMPRESSA PELA GRÁFICA BARTIRA
EM OFSETE SOBRE PAPEL PÓLEN SOFT DA SUZANO PAPEL E CELULOSE
PARA A EDITORA SCHWARCZ EM NOVEMBRO DE 2017

A marca FSC® é a garantia de que a madeira utilizada na fabricação do papel deste livro provém de florestas que foram gerenciadas de maneira ambientalmente correta, socialmente justa e economicamente viável, além de outras fontes de origem controlada.